기독교
신앙의
기본진리

이름

시작한 날짜

끝낸 날짜

우리는 무엇을 어떻게 믿는가?

기독교 신앙의 기본진리

임종수 지음

요단
JORDAN PRESS

서문

먼저, 이 교재가 한국에서 요단출판사를 통해 세상에 나오게 해주신 하나님께 감사와 영광을 돌립니다.

이 교재는 본래 동아시아 지역에서 선교활동을 하고 있는 필자가 현지 교회 지도자들을 훈련하고 양육하기 위해서 만든 책입니다. 목차에서 보시는 것처럼 이 교재는 기독교 신앙의 기초가 되는 주제들인 성경, 하나님, 인간, 구원, 교회, 기도, 종말론 등을 다루고 있습니다.

얼핏 제목만 보면 이 교재는 마치 조직신학 책인 것처럼 보입니다. 그러나 실상 이 책은 신학연구를 전문으로 하는 신학자들을 위해서 쓴 신학서적이 아닙니다. 그와는 달리, 목회 현장에서 평신도 성도들을 양육하고 훈련하는 목회자들과 교회학교 교사들을 위해서 쓴 책입니다.

교단이나 교파를 초월해서 모든 기독교인들의 신앙의 기초는 인간의 사상이나 철학, 또는 전통적인 관습이 아니라 '하나님의 말씀인 신·구약 성경 66권의 가르침'이어야 합니다. 그래서 필자는 목차의 각 주제에 대해서 성경은 우리에게 무엇을 말하고 있는지 알기 쉽게 설명하려고 노력했습니다.

기독교 서점에 가면 우리의 신앙에 지침이 될만한 좋은 신학서적이나 설교집들이 이미 많이 나와 있습니다. 그러나 그런 책들을 교회 학교, 혹은 소그룹 성경공부에서 사용하려면 인도자가 또 다시 그 책들을 요약하고 정리하는 수고를 해야 합니다. 그러나 매일 매일 바쁘게 살아가는 목회자나 또는 교회 학교 교사들이 따로 시간을 내어서 두꺼운 신학서적을 읽고 요약해서 가르친다고 하는 것은 말처럼 쉬운 일이 아닙니다. 그래서 필자는 각 주제별로 우리가 꼭 알아야 하는 핵심적인 내용들을 한 시간, 또는 두 시간에 걸쳐서 배우기도 쉽고, 또 가르치기도 쉽도록 요약해서 교재를 만들었습니다. 아무쪼록 이 교재가 진리를 사모하고, 또 교회나 성경공부 소그룹에서 새신자들을 양육하고 훈련하는 분들에게 작은 도움이라도 되었으면 좋겠습니다.

끝으로, 이 책을 한국에서 출판해 주시기로 흔쾌히 허락해 주신 이요섭 침례교 진흥원장님과 김성집 연구개발팀장님, 그리고 교정과 편집을 맡아 수고해 주신 편집위원들에게 깊은 감사를 드립니다.

아울러서, 선교지에서 이 교재의 한 과, 한 과를 가르칠 때마다 그 내용을 경청하고, 또 아낌없는 비판(?)과 조언을 해 주었던 필자의 아내에게도 감사한 마음을 전합니다.

2019년 봄
하나님이 보내 일하게 하신 곳에서

임종수 선교사

차
례

4   서문

8   첫머리 : 믿음의 여행을 떠나며
16   성경 : 믿음 여행의 길잡이

PART 1
하나님과 인간

30   하나님① 본질과 속성
44   하나님② 보편적 속성과 사역
56   인간
70   구원 : 예수 그리스도
84   보혜사 성령

PART 2
신앙의 기본

98   기도
110   교회
118   청지기

PART 3
종말과 사명

132   역사적 종말① 개관
144   역사적 종말② 징조와 준비
158   대위임령

첫머리 :
믿음의 여행을 떠나며

[딤후 3:14-17]

14 그러나 너는 배우고 확신한 일에 거하라 너는 네가 누구에게서 배운 것을 알며
15 또 어려서부터 성경을 알았나니 성경은 능히 너로 하여금 그리스도 예수 안에 있는 믿음으로 말미암아 구원에 이르는 지혜가 있게 하느니라
16 모든 성경은 하나님의 감동으로 된 것으로 교훈과 책망과 바르게 함과 의로 교육하기에 유익하니
17 이는 하나님의 사람으로 온전하게 하며 모든 선한 일을 행할 능력을 갖추게 하려 함이라

1 이 세상에는 수많은 종류의 종교가 있습니다

구원에 관한 가르침의 내용에 따라 그 종교들을 분류하면 크게 다음 두 가지로 나눌 수 있습니다.

1) 한 부류는 우리의 선행이나 깨달음, 또는 종교 활동(의식) 등을 통해 구원을 받을 수 있다고 가르치는 종교입니다.
   예 불교, 도교, 천주교 등

2) 또 한 부류는 오직 하나님의 은혜와 우리의 믿음을 통해서만 구원을 받을 수 있다고 가르치는 종교입니다.
   예 기독교

> ▶ 당신은 이 둘 중 어느 것이 옳은 종교라고 생각하십니까?
>
> ▶ 만일 후자(기독교)가 옳은 종교라고 생각하신다면 그 이유는 무엇입니까?
>
> ① 모든 사람은 하나님 앞에서 죄인이기 때문입니다.
>   롬 3:10
>   기록된 바 의인은 없나니 하나도 없으며
>   롬 3:23
>   모든 사람이 죄를 범하였으매 하나님의 영광에 이르지 못하더니
>
> ② 인간은 그 어느 누구도 율법의 행위나 선행으로 의롭다 함을 받을 수 없기 때문입니다.
>   갈 2:16
>   사람이 의롭게 되는 것은 율법의 행위로 말미암음이 아니요 오직 예수 그리스도를 믿음으로 말미암는 줄 알므로 우리도 그리스도 예수를 믿나니 이는 우리가 율법의 행위로써가 아니고 그리스도를 믿음

> 으로써 의롭다 함을 얻으려 함이라 율법의 행위로써는 의롭다 함을 얻을 육체가 없느니라
>
> **엡 2:8**
> 너희는 그 은혜에 의하여 믿음으로 말미암아 구원을 받았으니 이것은 너희에게서 난 것이 아니요 하나님의 선물이라

본론

1 교회 안에는 다음 네 종류의 성도들이 있습니다

1) 이미 구원을 받아 구원의 확신을 가지고 있는 성도
2) 이미 구원을 받았지만 구원의 확신을 갖고 있지 못한 성도

> **요일 5:11-13**
> 11 또 증거는 이것이니 하나님이 우리에게 영생을 주신 것과 이 생명이 그의 아들 안에 있는 그것이니라 12 아들이 있는 자에게는 생명이 있고 하나님의 아들이 없는 자에게는 생명이 없느니라 13 내가 하나님의 아들의 이름을 믿는 너희에게 이것을 쓰는 것은 너희로 하여금 너희에게 영생이 있음을 알게 하려 함이라

사도 요한이 이런 말을 한 이유는 그 당시에 이미 구원받은 사람임에도 불구하고 구원의 확신이 없는 사람들이 있었기 때문입니다.

3) 자신이 아직 구원을 받지 못했음에도 불구하고 자기가 교회에 출석하고 있다거나 또는 종교활동을 하고 있다는 이유로 자신이 이미 구원받은 것으로 착각하는 성도

마 7:21

나더러 주여 주여 하는 자마다 다 천국에 들어갈 것이 아니요 다만 하늘에 계신 내 아버지의 뜻대로 행하는 자라야 들어가리라

  예수님은 "주여, 주여"한다고 해서 다 구원받고 천국에 가는 것은 아니라고 말씀하셨습니다.

4) 모세의 율법을 지켜야 구원받을 수 있다고 생각하는 성도

행 15:1

어떤 사람들이 유대로부터 내려와서 형제들을 가르치되 너희가 모세의 법대로 할례를 받지 아니하면 능히 구원을 받지 못하리라 하니

  1세기 중반에 유대지방으로부터 갈라디아에 와서 이방인 그리스도인들에게 "모세의 법대로 할례를 받아야 구원을 받을 수 있다"고 가르쳤던 사람들이 있었습니다. 갈라디아서는 이런 잘못된 유대주의적 율법신앙으로부터 그리스도인들이 올바른 기독교(복음) 신앙을 갖도록 하게 하기 위해 사도 바울이 쓴 복음서신입니다.

> ▶ 그렇다면 당신은 이 네 종류의 신자 중에서 어디에 속하십니까?
>
> ▶ 그리스도인들이 2)~4) 부류에 속하는 이유가 무엇입니까?
>
> ① 성경을 잘 모르기 때문입니다.
> ② 저들의 신앙이 성경의 가르침 대신에 자기의 생각이나 사람들의 가르침 등에 근거하고 있기 때문입니다.

❷ 이미 구원을 받았고, 또 구원의 확신이 있는 그리스도인들의 특징은 무엇입니까?

1) 저들은 확실한 구원의 간증이 있습니다.

   예 데살로니가 교회 교인들

살전 1:4-10
4 하나님의 사랑하심을 받은 형제들아 너희를 택하심을 아노라 5 이는 우리 복음이 너희에게 말로만 이른 것이 아니라 또한 능력과 성령과 큰 확신으로 된 것임이라 우리가 너희 가운데서 너희를 위하여 어떤 사람이 된 것은 너희가 아는 바와 같으니라 6 또 너희는 많은 환난 가운데서 성령의 기쁨으로 말씀을 받아 우리와 주를 본받은 자가 되었으니 7 그러므로 너희가 마게도냐와 아가야에 있는 모든 믿는 자의 본이 되었느니라 8 주의 말씀이 너희에게로부터 마게도냐와 아가야에만 들릴 뿐 아니라 하나님을 향하는 너희 믿음의 소문이 각처에 퍼졌으므로 우리는 아무 말도 할 것이 없노라 9 그들이 우리에 대하여 스스로 말하기를 우리가 어떻게 너희 가운데에 들어갔는지와 너희가 어떻게 우상을 버리고 하나님께로 돌아와서 살아 계시고 참되신 하나님을 섬기는지와 10 또 죽은 자들 가운데서 다시 살리신 그의 아들이 하늘로부터 강림하실 것을 너희가 어떻게 기다리는지를 말하니 이는 장래의 노하심에서 우리를 건지시는 예수시니라

> **데살로니가 교회 교인들의 간증**
>
> **예수를 믿기 전 그들의 상태**
> ① 우상을 섬겼다(9).
> ② 하나님이나 천국 등에는 관심이 없고 오직 이 세상에 속한 것들(돈, 권력, 부귀영화)만 바라보고 살았다(10).
>
> **예수를 믿은 후 어떻게 변화되었는가?**
> ① 우상을 버리고 하나님께 돌아왔다(9).
> ② 예수님의 재림을 기다리며 하나님을 의지하고(천국을 바라보고) 산다(10).

2) 저들의 삶 속에는 분명한 변화가 있습니다.

① 눅 19:1-9 세리장 삭개오의 경우
   ↳ 동족을 착취하는 세리였던 삭개오는 회개하고 자기 재산의 절반을 가난한 이들에게 나누고, 토색한 것을 4배나 갚아주었습니다.

② 딤전 1:12-15 사도바울의 경우
   ↳ 예수 믿는 사람들을 핍박하는 데에 앞장섰던 바울은 복음을 전하는 사도로 완전히 변화되었습니다.

3) 저들은 시시때때로 전도를 합니다.
① 안드레/빌립 → 형제 시몬과 나다나엘을 전도함(요 1:40-46).
② 사마리아 여인 → 자기 동네 사람들에게 전도함(요 4:3-54).
③ 빌립보 간수 → 자기 가족들에게 전도함(행 16:29-33).

❸ 이 훈련(성경공부)에서 공부할 내용들

1) 하나님과 인간 : 하나님, 인간, 구원, 성령님

2) 신앙의 기본 : 기도, 교회, 청지기
3) 종말과 사명 : 역사적 종말 1, 역사적 종말 2, 대위임령

4 이 훈련(성경공부)의 목적

이 성경공부(훈련)의 목적은 무엇인가?

- 성경의 핵심적인 가르침/교훈들을 분명하게 이해하기 위해서

   딤후 3:14

   그러나 너는 배우고 확신한 일에 거하라 너는 네가 누구에게서 배운 것을 알며

- 분명한 구원의 확신을 갖고 신앙생활 하기 위해서

   요일 5:13

   내가 하나님의 아들의 이름을 믿는 너희에게 이것을 쓰는 것은 너희로 하여금 너희에게 영생이 있음을 알게 하려 함이라

- 그리스도인들이 담대하게 복음을 전할 수 있도록 훈련하고 도와주기 (equip) 위해서

   딤후 2:1-2

   1 내 아들아 그러므로 너는 그리스도 예수 안에 있는 은혜 가운데서 강하고 2 또 네가 많은 증인 앞에서 내게 들은 바를 충성된 사람들에게 부탁하라 그들이 또 다른 사람들을 가르칠 수 있으리라

   딤후 4:1-2

   1 하나님 앞과 살아 있는 자와 죽은 자를 심판하실 그리스도 예수 앞에서 그가 나타나실 것과 그의 나라를 두고 엄히 명하노니 2 너는 말씀을 전파하라 때를 얻든지 못 얻든지 항상 힘쓰라 범사에 오래 참음과 가르침으로 경책하며 경계하며 권하라

 ## 적용·숙제

❶ 딤후 3:14-17을 암송하십시오.

❷ 다음 세 가지 내용을 포함하여 당신의 구원 간증문을 3-4분 정도에 할 수 있도록 기록해 오십시오.

- 나는 언제, 어떻게 그리스도인이 되었는가?
- 예수 믿기 전에 나는 어떤 사람이었는가?
- 예수 믿고 나서 나는 무엇이 달라졌는가?

❸ 오늘 배운 내용을 당신의 친구나 이웃들과 나누시기 바랍니다.

성경 :
믿음 여행의
길잡이

[딤후 3:14-17]

14 그러나 너는 배우고 확신한 일에 거하라 너는 네가 누구에게서 배운 것을 알며
15 또 어려서부터 성경을 알았나니 성경은 능히 너로 하여금 그리스도 예수 안에 있는 믿음으로 말미암아 구원에 이르는 지혜가 있게 하느니라
16 모든 성경은 하나님의 감동으로 된 것으로 교훈과 책망과 바르게 함과 의로 교육하기에 유익하니
17 이는 하나님의 사람으로 온전하게 하며 모든 선한 일을 행할 능력을 갖추게 하려 함이라

> **사해 사본**
>
> 1947년에 사해 근처에 있는 쿰란(Qumran) 동굴에서 한 목동에 의해 발견되었던 성경 원본의 일부이다.
>
> 2천 년 이상 된 오래된 사본이지만 내용은 현재 우리가 가지고 있는 성경과 똑같다. 이것은 현재 우리가 가지고 있는 성경이 원본과 다름없는 정확하고 무오한 하나님의 말씀임을 말해준다.

서론

성경은 B.C. 15세기경부터 시작하여 A.D. 1세기경까지, 대략 1,500년 동안 40여 명의 필자에 의해 기록된 책으로서 인류가 가지고 있는 책 가운데서 가장 오래된 책입니다(중국의 가장 오래된 책인 사마천이 쓴 '史記'는 B.C. 90년경에 기록되었음).

그렇다면 인류가 가지고 있는 가장 오래된 책인 성경은 도대체 어떤 책입니까?

1 성경에 대해 많은 사람들이 가지고 있는 오해들

본론

① 성경은 단순히 이스라엘의 역사책일 뿐이다.
② 성경은 우리에게 도덕적, 윤리적 교훈을 주는 책이다.
③ 성경은 다른 책들과 마찬가지로 인간의 지혜와 경험을 바탕으로 해서 쓴 인간의 책일 뿐이다.

2 성경은 어떤 책인가? – 성경에 대한 올바른 이해

1) 성경은 크게 구약과 신약, 두 부분으로 구성되어 있습니다.

① 구약성경은 모두 39권으로 구성되어 있으며 히브리어(아람어)로 기록되어 있습니다.

창 1:1

בראשית ברא אלהים את השמים ואת הארץ

② 신약성경은 모두 27권으로 구성되어 있으며 헬라어로 기록되어 있습니다.

마 1:1

Βίβλος γενέσεως Ἰησοῦ Χριστοῦ υἱοῦ Δαυὶδ υἱοῦ Ἀβραάμ.

성경의 구조(도합 66권)

B.C. ↑	구약 (39권)	모세 5경	창세기, 출애굽기, 레위기, 민수기, 신명기
		역사서	여호수아, 사사기, 룻기, 사무엘 상·하, 열왕기 상·하, 역대상·하, 에스라, 느헤미야, 에스더
		시가서	욥기, 시편, 잠언, 전도서, 아가서
		대선지서	이사야, 예레미야, 예레미야 애가, 에스겔, 다니엘
		소선지서	호세아, 요엘, 아모스, 오바댜, 요나, 미가, 나훔, 하박국, 스바냐, 학개, 스가랴, 말라기
	예수 그리스도		
A.D. ↓	신약 (27권)	복음서	마태, 마가, 누가, 요한복음
		역사서	사도행전
		바울서신	로마서, 고린도 전·후서, 갈라디아서, 에베소서, 빌립보서, 골로새서, 데살로니가 전·후서, 디모데전·후서, 디도서, 빌레몬서
		공동서신	히브리서, 야고보서, 베드로 전·후서, 요한 1·2·3서, 유다서
		계시서	요한계시록

2) 성경은 하나님의 영으로 감동된 사람들이 받아 기록한 하나님의 말씀입니다.

딤후 3:16
모든 성경은 하나님의 감동으로 된 것으로(All Scripture is given by inspiration of God)

① 성경을 기록한 이들은 모세로부터 시작해서 사도 요한에 이르기까지 약 40여 명입니다. 그러나 성경은 인간의 지혜나 사상에 근거해서 쓴 책이 아니라, 하나님의 지혜와 영감으로 기록된 '하나님의 말씀'입니다.

② 성경의 가르침과 교훈은 시공을 초월한 진리입니다.

요 17:17
그들을 진리로 거룩하게 하옵소서 아버지의 말씀은 진리니이다
↳ 진리란 시대와 공간(장소)을 초월해서 항상 옳은 것을 의미합니다.

3) 성경은 계시의 책입니다. '계시'란 인간이 스스로 깨달아 알 수 없는 것을 하나님이 친히 열어서 보여주시는 것을 의미합니다.

① 성경은 우주만물의 기원에 관해 계시해 줍니다.

창 1:1
태초에 하나님이 천지를 창조하시니라

히 11:3
믿음으로 모든 세계가 하나님의 말씀으로 지어진 줄을 우리가 아나니 보이는 것은 나타난 것으로 말미암아 된 것이 아니니라

인간의 지혜와 지식으로는 우주만물이 언제, 또 누구에 의해서 시작되었는지 분명하게 알 수 없습니다. 그러나 성경은 우주만물이 언제, 누구에

의해서 시작되었는지 분명하게 말해줍니다. 우주와 만물은 저절로 생겨난 것도 아니고, 우연히 생겨난 것도 아닙니다. 창세기 1:1과 히브리서 11:3에 기록된 말씀처럼 '태초에 하나님에 의해서 창조된 것'입니다.

② 성경은 인류의 기원에 관해 계시해 줍니다.

창 1:26
하나님이 이르시되 우리의 형상을 따라 우리의 모양대로 우리가 사람을 만들고 그들로 바다의 물고기와 하늘의 새와 가축과 온 땅과 땅에 기는 모든 것을 다스리게 하자 하시고

행 17:24, 26
24 우주와 그 가운데 있는 만물을 지으신 하나님께서는 천지의 주재시니 손으로 지은 전에 계시지 아니하시고
26 인류의 모든 족속을 한 혈통으로 만드사 온 땅에 살게 하시고 그들의 연대를 정하시며 거주의 경계를 한정하셨으니

인간의 기원에 관해서는 많은 학설들이 있습니다. 고대 희랍의 철학자인 탈레스(Thales)나 그의 제자 아낙시만드로스(Anaximandros)와 같은 자연철학자들은 '생물은 열과 공기와 태양에 의해서 진흙에서 우연히 발생했다'고 주장하였습니다. 아리스토텔레스(Aristoteles, B.C 384-322)나 데카르트(Rene Descartes, 1596-1650)같은 이들도 이와 똑같은 주장을 했었습니다.

그런가 하면 또 진화론자들은 인간은 원숭이와 같은 유인원에서 진화되어온 존재라고 주장합니다. 그러나 위의 어느 것도 맞는 답이 아닙니다. 성경은 "인간은 창조주 하나님에 의해서, 그의 형상과 모양대로 창조된 특별한 존재"라고 말합니다. 이런 사실들은 성경의 계시가 없었다면 알 수 없는 것들입니다.

③ 성경은 예수님(하나님)에 관해 계시해 줍니다.

<u>요 5:39</u>
너희가 성경에서 영생을 얻는 줄 생각하고 성경을 연구하거니와 이 성경이 곧 내게 대하여 증언하는 것이니라

예수님은 기독교 신앙의 중심이고 또한 주님이십니다. 따라서 예수님이 누구신지 정확하게 아는 것은 아무리 강조해도 지나치지 않습니다.

마태복음 16:13에서 예수님께서는 어느 날 제자들에게 "사람들이 나를 누구라고 하느냐?"고 물으셨습니다. 이에 대해 제자들은 "어떤 이는 침(세)례 요한, 어떤 이는 엘리야나 예레미야 같은 선지자 중에 하나"라고 생각한다고 답변했습니다.

그러나 이 답변은 틀린 답변이었습니다. 시몬 베드로가 말한 대로 "예수님은 그리스도시오, 살아계신 하나님의 아들"이십니다.

다시 말해서, 예수님은 완전한 인간으로 오신 하나님이시며, 또한 하나님과 인간 사이에 유일한 중보자이시고, 진리로 우리를 가르치시는 선지자이시며, 우리의 왕이 되시는 분입니다.

그러나 이러한 사실들은 인간의 지혜로 알 수 있는 것들이 아닙니다. 오직 성경의 계시를 통해서만 알 수 있는 것들입니다.

4) 성경은 다가올 하나님의 심판과 역사의 종말에 대해서 계시해 줍니다.

<u>벧후 3:7, 10</u>
7 이제 하늘과 땅은 그 동일한 말씀으로 불사르기 위하여 보호하신 바 되어 경건하지 아니한 사람들의 심판과 멸망의 날까지 보존하여 두신 것이니라
10 그러나 주의 날이 도둑 같이 오리니 그 날에는 하늘이 큰 소리로 떠

나가고 물질이 뜨거운 불에 풀어지고 땅과 그 중에 있는 모든 일이 드러나리로다

하나님과 성경을 믿지 않는 사람들은 이 지구의 역사도, 또 인류의 역사도 지금처럼 언제까지나 계속될 것이라고 생각합니다. 그러나 이 땅에서의 인류의 역사는 영원히 지금처럼 계속되지 않습니다. 성경은 현재 우리가 살고 있는 이 지구도, 또 이 땅에서의 인류의 역사도 언젠가는 끝날 날이 있다고 말해줍니다. 그리고 그 날은 창세 이후로 이 땅에 태어났던 모든 사람들에 대한 하나님의 심판의 날이며, 또한 역사의 마지막 날이 될 것입니다. 이러한 사실도 성경의 계시가 아니면 알 수 없는 것들입니다.

5) 성경은 종말의 징조에 관해 계시해 줍니다.

마 24:3, 7, 14
3 예수께서 감람 산 위에 앉으셨을 때에 제자들이 조용히 와서 이르되 우리에게 이르소서 어느 때에 이런 일이 있겠사오며 또 주의 임하심과 세상 끝에는 무슨 징조가 있사오리이까
7 민족이 민족을, 나라가 나라를 대적하여 일어나겠고 곳곳에 기근과 지진이 있으리니
14 이 천국 복음이 모든 민족에게 증언되기 위하여 온 세상에 전파되리니 그제야 끝이 오리라

성경은 단순히 역사의 종말이 있음만을 이야기하지 않습니다. 한 걸음 더 나아가 역사의 종말이 가까워 오게 되면 어떤 일들이 일어나게 될 것인가에 대해서도 말해줍니다. 인간은 과거에 일어난 일들에 대해서는 어느 정도 알 수 있지만 미래에 있을 일들에 대해서 아는 능력은 없습니다. 이것은 오직 성경의 계시를 통해서만 알 수 있는 것들입니다.

6) 성경은 우리에게 구원의 길에 관하여 가르쳐 주는 생명의 책입니다.

① 성경은 우리에게 지금 현재 우리가 영적으로 어떤 상태에 있는지 말해줍니다.

- 우리는 하나님 앞에 모두 죄인입니다.

  롬 3:23
  모든 사람이 죄를 범하였으매 하나님의 영광에 이르지 못하더니

  이 세상에서 자기는 죄인이 아니라고 주장할 수 있는 사람은 단 한 사람도 없습니다. 정도의 차이가 있을 뿐, 이 세상 모든 사람들은 다 하나님 앞에 죄인입니다.

- 우리는 죄로 인해서 언젠가는 모두 죽어야 할 운명입니다.

  롬 6:23
  죄의 삯은 사망이요 하나님의 은사는 그리스도 예수 우리 주 안에 있는 영생이니라

  죄의 대가는 '죽음'(사망)입니다. 따라서, 죄인인 인간 앞에 기다리고 있는 것은 '죽음'입니다. 예외는 없습니다.

- 죽음 이후에 하나님의 심판과 영원한 지옥 형벌이 있습니다.

  히 9:27
  한번 죽는 것은 사람에게 정해진 것이요 그 후에는 심판이 있으리니

계 20:15

누구든지 생명책에 기록되지 못한 자는 불못에 던져지더라

하나님과 성경을 안 믿는 이들은 '죽음이 인생의 끝'이라고 생각합니다. 그러나 성경은 죽음이 인생의 끝이 아니라고 말합니다. 죽음 이후에는 하나님의 심판이 기다리고 있습니다. 그리고 그 심판의 결과에 따라서 어떤 이는 영원한 천국에, 또 어떤 이는 영원한 지옥에 들어간다고 성경은 말합니다.

② 성경은 어떻게 해야 우리가 죄를 용서받고 영원한 지옥의 형벌로부터 구원받을 수 있는지에 대해 말해줍니다.

행 2:38

베드로가 이르되 너희가 회개하여 각각 예수 그리스도의 이름으로 침(세)례를 받고 죄 사함을 받으라 그리하면 성령의 선물을 받으리니

행 16:31

이르되 주 예수를 믿으라 그리하면 너와 네 집이 구원을 받으리라 하고

인간은 스스로 구원의 방도를 찾고자 노력했습니다. 선한 일을 많이 하면, 고행을 하면, 수행을 통해 깨달음을 얻으면 구원을 얻을 수 있을 것이라고 생각합니다. 그러나 착한 일을 많이 하고 고행을 하는 것이 우리의 죄 용서나 구원을 보장하지 않습니다. 왜냐하면 선한 일을 아무리 많이 하고 고행을 아무리 많이 해도 죄의 문제가 해결되지 않으면 여전히 죄인일 수밖에 없기 때문입니다.

성경은 우리가 죄 용서함을 받고 구원받기 위해서 하나님 앞에서 자기의 죄를 회개하고 예수님을 믿어야 한다고 말합니다. 이 방법 이외에 다른 방법은 없습니다.

7) 성경은 우리에게 '우리는 어떻게 살아야 하는가'를 가르쳐 주는 삶의 표준이 되는 책입니다.

<u>딤후 3:16-17</u>
16 모든 성경은 하나님의 감동으로 된 것으로 교훈과 책망과 바르게 함과 의로 교육하기에 유익하니 17 이는 하나님의 사람으로 온전하게 하며 모든 선한 일을 행할 능력을 갖추게 하려 함이라

성경은 우리가 어떻게 살아야 하는지에 대한 교훈을 줍니다. 그리고 우리가 잘못된 길을 걸어갈 때 책망하여 바로잡아 줍니다. 이를 통해 우리가 모든 선한 일을 행하기에 온전한 사람이 되도록 돕습니다. 성경은 그리스도인들에게 있어서 '마땅히 어떻게 살아야 하는지'를 가르쳐 주는 삶의 표준이 되는 책입니다.

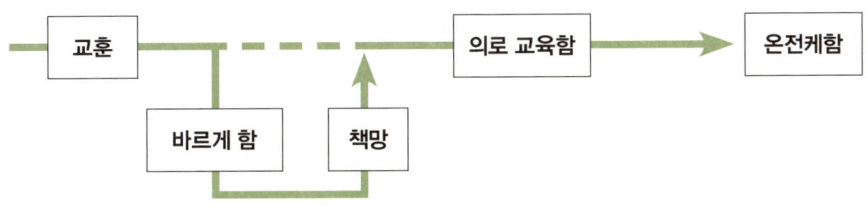

8) 성경은 우리 앞길의 등이요, 또한 빛입니다.

<u>시 119:105</u>
주의 말씀은 내 발에 등이요 내 길에 빛이니이다

성경이 "우리 발에 등이요 우리 길에 빛"이라고 하는 말은, 성경은 우리가 나가야 할 길(장래의 길)을 밝혀주는 등불인 동시에 안내자임을 의미합니다.
우리가 성경을 가까이 하지 않으면 다음 두 가지의 질문에 답할 수 없습니다.

- 우리는 어떻게 살아야 하는가?(How should we live?)
- 어디로 가야 하는가?(Where we should go?)

이 질문에 답을 찾지 못하면 방황하는 삶을 살다가 무의미하게 인생을 끝낼 수도 있습니다. 따라서, 인생의 의미를 찾고 또 삶 속에서 방황하지 않으려면 "우리 발에 등이요 또한 우리 길의 빛"인 성경을 가까이 해야 합니다.

결론

성경은 단순히 인간의 사상이나 철학, 또는 도덕적인 교훈들을 모아놓은 책이 아닙니다.

성경은 하나님의 말씀이며 동시에 '하나님은 누구이며 우리는 누구인가?', '왜 인간은 죄인이 되었으며 어떻게 해야 그 죄로부터 용서 받고 구원을 받을 수 있는가?', 그리고 '인생의 진정한 의미는 무엇인가?' 등 삶의 근원적 문제에 대해 명확한 답변을 제시하는 인생과 신앙의 지침서입니다.

따라서 우리는 성경을 우리 신앙의 기초요 삶의 기준(표준)으로 삼고, 성경의 가르침과 인도하심에 따라 살아야 합니다. 매일 매일 성경을 읽고 그 가르침에 따라 사십시오. 그러면 여러분은 결코 후회함이 없는 삶을 살게 될 것입니다.

적용·숙제

❶ 딤후 3:14-17을 암송하십시오.

❷ 성경읽기 계획표에 따라 매일 성경을 2~3장씩 읽고 읽은 곳을 표시 하십시오.

❸ 성경은 어떤 책인지 당신 말로 설명하십시오. 또한 오늘 배운 내용을 옆에 있는 지체와 나누시길 바랍니다.

PART 1

하나님① 본질과 속성

하나님② 보편적 속성과 사역

인간

구원 : 예수 그리스도

보혜사 성령

하나님과 인간

하나님①
본질과 속성

 [시 10:4, 14:1 / 사 45:5]

시 10:4 악인은 그 교만한 얼굴로 말하기를 여호와께서 이를 감찰치 아니하신다 하며
그 모든 사상에 하나님이 없다 하나이다

시 14:1 어리석은 자는 그의 마음에 이르기를 하나님이 없다 하는도다 그들은 부패하고
그 행실이 가증하니 선을 행하는 자가 없도다

사 45:5 나는 여호와라 나 외에 다른 이가 없나니 나밖에 신이 없느니라

서론

하나님은 기독교 신앙의 중심인 동시에, 또한 경배의 대상이십니다. 그러나 시편 10편의 저자는 "악인은 그 모든 사상에 하나님이 없다고 주장한다"고 말합니다(시 10:4). 시편 14편의 저자도 "어리석은 자는 그 마음에 이르기를 하나님이 없다고 말한다"고 이야기합니다(시 14:1). 구름이 잔뜩 끼고 비가 오는 날에는 태양을 볼 수 없습니다. 그러나 우리가 태양을 볼 수 없다고 해서 태양이 존재하지 않는 것은 아닙니다. 비록 우리 눈으로 태양을 볼 수 없지만 그러나 구름 저 너머에는 밝은 태양이 빛나고 있습니다. 이와 마찬가지로, 하나님은 우리 눈으로 직접 볼 수 없지만 분명히 존재하십니다.

하나님은 존재하실 뿐만 아니라 우리가 살고 있는 이 우주와 만물을 다스리시며 또 인류의 역사를 주관하십니다. 그렇다면 기독교 신앙의 중심인 동시에 경배의 대상이신 하나님은 어떤 분이십니까?

1 하나님의 본질(The Essence of God)

본론

1) 하나님은 유일하신 참 신이십니다.

> 신 4:39
> 그런즉 너는 오늘 위로 하늘에나 아래로 땅에 오직 여호와는 하나님이시요 다른 신이 없는 줄을 알아 명심하고
>
> 사 45:5
> 나는 여호와라 나 외에 다른 이가 없나니 나 밖에 신이 없느니라 너는 나를 알지 못하였을지라도 나는 네 띠를 동일 것이요

이 세상에는 신들이 많이 있습니다. 심지어 종족(혹은 민족)이나 지역에 따라 섬기는 신들이 다른 경우도 많이 있습니다. 예컨대, 고대 희랍 사람들은 '제우스'(Zeus) 신을 섬겼습니다. 그러나 가나안 사람들은 '바알'이나

'아세라'를 신으로 섬겼습니다. 중국만 해도 석가모니나 죽은 조상들, 심지어 해와 달, 별과 같은 자연물들을 신처럼 섬기는 사람들이 많습니다. 그러나 하나님을 제외한 그 모든 신들은 모두가 다 사람이 만들어 놓은 '가짜 신들'입니다. 성경은 오직 하나님만이 '유일하신 참 신'(The only true God)이심을 분명히 말합니다.

2) 하나님은 피조물이 아니고 스스로 존재하시는 자존자이십니다.

출 3:14
하나님이 모세에게 이르시되 나는 스스로 있는 자이니라

　우리가 믿고 섬기는 하나님은 누군가에 의해서 만들어진 피조물이 아닙니다. 그와는 달리, 하나님은 영원 전부터 존재하셨고, 또 영원 후까지 스스로 존재하시는 하나님이십니다. 우리는 '본래 존재하지 않았던 하나님'을 만들어서 섬기고 있는 것이 아니라, 실제로 존재하셨고, 또 지금도 살아계신 하나님을 믿고 섬깁니다.

3) 하나님은 이 우주와 만물, 그리고 인간을 창조하신 전능하신 창조주이십니다.

창 1:1
태초에 하나님이 천지를 창조하시니라

창 17:1
아브람이 구십구 세 때에 여호와께서 아브람에게 나타나서 그에게 이르시되 나는 전능한 하나님이라 너는 내 앞에서 행하여 완전하라 하나님은 우리가 살고 있고, 보고 있는 이 우주와 만물을 창조하신 창조주이십니다. 하나님은 99세 된 아브람에게 나타나셔서 "나는 전능한 하나님"이라고 자신을 소개하셨습니다. '하나님은 전능하신 분'이라고 하는 말은, '하나님은 자신이 하시려고 마음먹은 일은 못 하실 것이 없는 능력의 하나님'이시라는 뜻입니다.

우리가 생각으로 '그 일은 너무 어려운 일이기 때문에 아마 하나님도 못 하실 거야'하면서 하나님의 능력과 일하심을 제한하지 말아야 하는 이유가 바로 여기에 있습니다.

4) 하나님은 영이십니다.

<u>요 4:24</u>
하나님은 영이시니 예배하는 자가 영과 진리로 예배할지니라

하나님은 우리처럼 육체를 입고 계신 분이 아니시기 때문에 시간과 공간에 제한을 받지 않으시고 언제, 어디서나 존재하십니다. 뿐만 아니라 우리의 생각과 마음, 그리고 행동도 다 보고 계시며 또 알고 계십니다. 우리가 하나님을 예배하거나 섬길 때 거짓이나 위선이 아닌 진실한 마음으로 예배 드려야 하는 이유가 여기에 있습니다.

5) 하나님은 인격과 감정을 가지고 계신 분이십니다.

<u>히 1:1</u>
옛적에 선지자들을 통하여 여러 부분과 여러 모양으로 우리 조상들에게 말씀하신 하나님이
↳ 하나님께서 말씀하심.

창 11:5

여호와께서 사람들이 건설하는 그 성읍과 탑을 보려고 내려오셨더라
↳ 하나님께서 보심.

시 94:9

귀를 지으신 이가 듣지 아니하시랴 눈을 만드신 이가 보지 아니하시랴
↳ 하나님께서 눈으로 보고, 귀로 들으심.

신 1:37

여호와께서 너희 때문에 내게도 진노하사 이르시되 너도 그리로 들어가지 못하리라
↳ 하나님께서 진노하심.

출 20:5

나 네 하나님 여호와는 질투하는 하나님인즉
↳ 질투하심.

하나님은 인격과 감정을 가지고 계신 분이시기 때문에 목석으로 만든 다른 신들하고는 달리 우리의 감정을 이해하시며, 또 우리와 더불어 인격적으로 교제를 나누시는 분이십니다.

6) 하나님은 한 신적인 본질 속에 성부와 성자와 성령의 삼위가 함께 존재하시는 삼위일체의 하나님이십니다.

삼위일체에 대한 설명은 다음의 설명을 참조해 주시길 바랍니다.

① 하나님은 한 분이십니다.
- 신 6:4 이스라엘아 들으라 우리 하나님 여호와는 오직 유일한 여호와이시니 (The LORD our God, the LORD is one)
- 딤전 2:5 하나님은 한 분이시요 또 하나님과 사람 사이에 중보자도 한 분이시니 곧 사람이신 그리스도 예수라

② 성부 하나님과 성자 예수님, 보혜사 성령님은 서로 다른 위(位)이시면서도 동시에 한 하나님이십니다.
- 요 1:1-2:14 예수님은 육신을 입고 이 땅에 오신 하나님이시다.
- 요 4:24 / 마 12:18 성령은 하나님의 영이시다 (God is Spirit).
- 요 10:30 예수님과 하나님은 하나이다 (I and My Father are one).

③ 하나님은 자기 자신을 어떤 경우에는 단수로, 또 어떤 경우에는 복수로 표현하셨습니다.
- 창 1:26 하나님(יהוה)이 이르시되 우리의 형상을 따라 우리의 모양대로 우리가 사람을 만들고
- 사 6:8 내가 또 주의 목소리를 들으니 주께서 이르시되 내가 누구를 보내며 누가 우리를 위하여 갈꼬 하시니 그 때에 내가 이르되 내가 여기 있나이다 나를 보내소서 하였더니

④ 하나님은 삼위일체의 하나님이시기 때문에 예수님은 기독교인의 가장 중요한 신앙고백 중 하나인 침(세)례도 성부와 성자, 성령의 이름으로 주라고 명하셨습니다.
- 마 28:19 그러므로 너희는 가서 모든 민족을 제자로 삼아 아버지(성부 하나님)와 아들(성자 하나님)과 성령(성령 하나님)의 이름으로 침(세)례를 베풀고

삼위일체(三位一體) 교리에 대하여

"한 분이신 하나님 안에는 성부 하나님, 성자 하나님, 성령 하나님 세 인격이 존재한다"고 하는 삼위일체 교리를 처음 가르친 사람은 카르타고(Carthage) 출신의 교부인 터툴리안(Tertullian / A.D. 160-220)이었다. 그리고 삼위일체 교리가 확정된 것은 A.D. 325년에 열렸던 니케아 종교회의에서였다. 그 당시에 아리우스(Arius)라고 하는 신학자가 있었는데 이 사람은 하나님이 삼위일체이심을 부정하고 "예수는 하나님과 다르다. 예수는 하나님의 피조물이며 따라서 신성이 없다."고 주장했다.

이로 인해서 세상이 시끄러워지자 콘스탄틴 황제는 교회 대표 3백여 명을 소아시아(지금의 터키)의 니케아로 소집해서 종교회의를 열었다.

회의 초반에는 아리우스의 주장이 사람들을 압도하는 것 같았으나 후에 알렉산드리아에서 온 아타나시우스(Athanasius)가(당시 30세) 일어나서 '호모우시아'(Homoousia), 다시 말해서 '예수는 본질이나 영광에 있어서 하나님과 조금도 다르지 아니한 분이시며, 성령도 또한 모든 것에 있어서 하나님과 동일하신 분'이심을 성경에 입각하여 단호하게 주장했다.

그러자 거기에 모였던 콘스탄틴 황제와 교회 대표들은 성경에 입각해서 변증한 아타나시우스의 주장이 옳다고 인정하고 아리우스를 이단으로 정죄함과 동시에 삼위일체 교리를 정통 기독교 교리로 확정지었다(니케아 신조).

지금도 여호와의 증인들(Jehovah's Witness)은 삼위일체 교리를 부정하고 예수는 하나님보다 못한 열등한 피조물이라고 주장하는데 이것은 이미 오래 전에 니케아 종교회의에서 이단으로 정죄 당한 아리우스와 동일한 주장이다.

하나님의 '삼위일체' 되심은 오직 하나님만이 가지시는 속성입니다. 인간의 이성이나 지식으로는 이해하기가 어렵습니다. 하나님이 삼위일체 되심은 오직 성경의 계시와 믿음으로만 이해됩니다.

❷ 하나님의 속성(The Atributes of God)

1) 절대적 속성(인간에게는 없고 오직 하나님만 가지고 있는 속성)

① 하나님은 시공을 초월하여 언제, 어느 곳에나 다 계시는 무소부재하신 하나님이십니다(The Omnipresent One / 시 139:7-12 / 렘 23:23-24 / 행 17:27).

렘 23:23-24
23 여호와의 말씀이니라 나는 가까운 데에 있는 하나님이요 먼 데에 있는 하나님은 아니냐 24 여호와의 말씀이니라 사람이 내게 보이지 아니하려고 누가 자신을 은밀한 곳에 숨길 수 있겠느냐 여호와가 말하노라 나는 천지에 충만하지 아니하냐

시 139:8-10
8 내가 하늘에 올라갈지라도 거기 계시며 스올에 내 자리를 펼지라도 거기 계시니이다 9 내가 새벽 날개를 치며 바다 끝에 가서 거주할지라도 10 거기서도 주의 손이 나를 인도하시며 주의 오른손이 나를 붙드시리이다

하나님은 언제, 어디서나 계시는 하나님이시기 때문에 이 세상에서 하나님을 피해 숨을 수 있는 사람은 아무도 없습니다(욘 1:3-17). 그러나 이러한 하나님의 편재성은 우리는 언제 어디서나 하나님과 교제할 수 있을 뿐만 아니라 또 그의 도우심을 구할 수 있음을 말해줍니다.

② 하나님은 자신에 대해서 뿐만이 아니라 이 세상에 존재하는 모든 것들의 과거와 현재와 미래 등 모든 것을 다 아시는 전지하신 하나님이십니다(The Omniscient One / 시 33:13-15, 139:1-4 / 롬 11:33).

시 139:1-3

1 여호와여 주께서 나를 살펴보셨으므로 나를 아시나이다 2 주께서 내가 앉고 일어섬을 아시고 멀리서도 나의 생각을 밝히 아시오며 3 나의 모든 길과 내가 눕는 것을 살펴보셨으므로 나의 모든 행위를 익히 아시오니

- 하나님의 전지하심은 하나님께서 내가 지금 어떤 상황에 처해있고, 또 어떤 문제를 가지고 있는지 다 알고 계심을 말해줍니다. 인생을 살면서 때때로 힘들고 어려운 일을 만날 때 우리는 이 사실을 잊지 말고 기억해야 합니다.

- 하나님의 전지하심은 하나님께서 내 생각과 행동도 다 알고 계심을 말해줍니다. 그렇기 때문에 인간은 하나님을 속일 수 없습니다. 따라서 우리는 하나님 앞에 정직해야 합니다.

    예 아간(수 7:1-25), 아나니아와 삽비라 부부(행 5:1-11), 밧세바와 간음한 다윗(삼하 11:1-12:18)

③ 하나님은 죄악을 제외한 자신이 원하시는 것은 그 무엇이나 다 행하실 수 있는 전능하신 분이십니다(The Omnipotent One / 창 17:1, 35:11 / 마 19:26).

마 19:26

예수께서 그들을 보시며 이르시되 사람으로는 할 수 없으나 하나님으로서는 다 하실 수 있느니라

하나님은 전능하신 분이라고 하는 사실은 우리가 하나님의 능력과 또 그 능력으로 행하시는 일들을 우리의 생각이나 경험으로 제한하지 말아야 함을 말해줍니다.

🟩 이런 일들은 아마 하나님도 못하실 것이다
- **출 17:1-7 / 민 13:17-14:10**
  이스라엘 백성들이 출애굽을 했으면서도 가나안 땅에 들어가지 못하고 광야에서 죽어야 했던 이유 가운데 하나는 저들이 어려운 일을 만날 때마다 하나님의 전능하심과 신실하심을 믿지 못하고 늘 의심하며 불평했기 때문입니다.
- **출 17:1-7**
  르비딤에 도착해서 마실 물을 찾지 못하자 저들은 "하나님이 정녕 자기들 가운데 계시는가?"하고 의심했습니다.
- **민 13:17-14:10**
  가나안 땅을 정탐하고 돌아온 12명의 정탐꾼 중 10명이 "우리는 가나안 땅을 정복할 수 없다"고 보고하자 이스라엘 백성들은 하나님과 모세를 원망하면서 애굽으로 다시 돌아가려고 했습니다(광야에서 40년 동안 방황하게 된 원인).

4) 하나님은 영원히 살아계시는 분이십니다.

창 21:33

아브라함은 브엘세바에 에셀 나무를 심고 거기서 영원하신 여호와의 이름을 불렀으며

하나님은 어느 한 시대, 어느 한 순간에만 존재하셨던 분이 아닙니다. 하나님은 영원 전부터 계셨고, 지금도 계시고, 또 앞으로도 영원히 존재하실 분이십니다.

자기의 앞길이 형통할 때는 하나님이 살아 계시다고 말하다가 막상 어려운 일이 닥치면 마치 하나님이 안 계시는 것처럼 두려움에 빠지거나 혹은 불신앙에 빠지는 사람들이 많이 있습니다. 가나안 땅을 향해 출애굽을 했던 이스라엘 백성들이 광야에서 보여 줬던 태도가 그 대표적인 예입니다. 그러나 하나님은 우리가 형통한 길을 걷고 있을 때만 존재하시는 분이 아닙니다.

힘들고 어려울 때도 하나님은 여전히 우리 곁에서 우리와 동행하십니다

('발자국'이라고 하는 시의 구절처럼). 따라서, 힘들고 어렵다고 광야에서 이스라엘 백성들이 그랬었던 것처럼 하나님의 살아계심과 존재하심을 부정하거나 또는 믿음이 흔들려선 안 됩니다(출 17:7).

5) 하나님은 그의 본질과 속성, 그리고 의지 등에 있어서 영원히 변치 않으시는 영원불변하신 하나님이십니다.

약 1:17
온갖 좋은 은사와 온전한 선물이 다 위로부터 빛들의 아버지께로부터 내려오나니 그는 변함도 없으시고 회전하는 그림자도 없으시니라

말 3:6 상
나 여호와는 변하지 아니하나니

히 13:8
예수 그리스도는 어제나 오늘이나 영원토록 동일하시니라

우리는 자신이 처한 상황이나 형편에 따라 자주 생각이 바뀌고 신앙생활도 기복이 심합니다. 그러나 하나님은 어제나, 오늘이나, 내일이나 변함이 없으십니다. 그러므로 우리는 언제, 어디서나 하나님을 신뢰하고 의지할 수 있습니다.

6) 하나님은 빛과 생명의 근원이 되시는 분이십니다.

창 1:3
하나님이 이르시되 빛이 있으라 하시니 빛이 있었고

요 1:4
그 안에 생명이 있었으니 이 생명은 사람들의 빛이라

요일 1:5

우리가 그에게서 듣고 너희에게 전하는 소식은 이것이니 곧 하나님은 빛이시라 그에게는 어둠이 조금도 없으시다는 것이니라

성경에서 '빛'이라고 하는 단어는 종종 진리나 의로움, 혹은 희망을 상징하는 단어로 사용되었습니다. 그리고 요한복음 1:4에 나오는 '생명'(ζωή)이라고 하는 단어는 일시적인 생명을 뜻하기보다는 '영생'을 가리키는 말로 종종 사용되었습니다(요 11:25 / 요일 5:12). 따라서 '하나님은 빛이시고 생명이시라'의 의미는 '하나님은 우리 안에서 모든 거짓과 죄, 그리고 절망과 죽음이라고 하는 어두운 그림자를 몰아내고 영원한 생명과 희망을 주시는 분'임을 말합니다.

그렇기 때문에 하나님을 떠나거나 또는 하나님을 믿는 것을 거절하는 것은 단순히 하나님만 버리는 것이 아닙니다. 한 걸음 더 나아가서 하나님 안에 있는 영원한 생명과 미래에 대한 밝은 희망도 다 버림을 의미합니다. 따라서 하나님을 믿는 것을 거절하는 것보다 더 어리석은 결정은 이 세상에 없습니다.

그래서 시편기자는 시편 14:1에서, "어리석은 자는 그의 마음에 이르기를 하나님이 없다 하는도다"라고 말했습니다. 하나님을 믿는 것을 거절했던 자신의 결정이 어리석은 것이었음을 깨달았을 때, 자신의 잘못을 돌이키기에는 이미 때가 너무 늦었을 수도 있습니다(눅 16:19-31에 나오는 어리석은 부자의 경우). 따라서, 너무 늦기 전에 우리는 하나님께 돌아와야 합니다. 그리고 하나님을 '나의 주, 나의 하나님'으로 믿고 섬겨야 합니다.

하나님은 전능하신 분이십니다. 하나님은 한 분이시지만 세 위격을 가지시는 삼위일체의 하나님이십니다. 하나님은 전능하시며 세상을 주관하실 뿐 아니라 인간의 생사화복을 주관하시는 이 세상의 주인이십니다. 우리는 세상의 주인이신 하나님을 진정으로 섬기고 사랑해야 합니다. 그럴 때 그분의 은혜와 전능하심을 충만하게 누릴 수 있습니다.

적용·숙제

❶ 사 45:5을 암송하십시오.

❷ 오늘 당신이 하나님에 대하여 새롭게 깨닫거나 배운 것이 무엇인지 노트에 정리해 보십시오. 그리고 오늘 배운 내용들을 이번 주 안에 최소 한 사람 이상 다른 사람들과 나누어 보십시오.

하나님②
보편적 속성과 사역

[시 10:4, 14:1 / 사 45:5]

시 10:4   악인은 그 교만한 얼굴로 말하기를 여호와께서 이를 감찰치 아니하신다 하며
         그 모든 사상에 하나님이 없다 하나이다
시 14:1   어리석은 자는 그의 마음에 이르기를 하나님이 없다 하는도다 그들은 부패하고
         그 행실이 가증하니 선을 행하는 자가 없도다
사 45:5   나는 여호와라 나 외에 다른 이가 없나니 나밖에 신이 없느니라

이전 단원 요약

1) 하나님의 본질
① 하나님은 유일하신 참 신이십니다.
② 하나님은 피조물이 아니라 스스로 존재하시는 자존자이십니다.
③ 하나님은 이 우주만물과 인간을 창조하신 창조주이십니다.
④ 하나님은 영이십니다.
⑤ 하나님은 인격(Person)을 가지신 분이십니다.
⑥ 하나님은 한 신적인 본질 속에 성부와 성자, 성령의 삼위가 함께 존재하고 있는 삼위일체의 하나님이십니다.

2) 하나님의 절대적 속성

① 하나님은 시공을 초월하여 언제, 어느 곳에나 다 계시는 편재하신 하나님이십니다(The Omnipresent One).
② 하나님은 자기 자신에 대해서 뿐만이 아니라 이 세상에 존재하는 모든 것들의 과거와 현재와 미래 등 모든 것을 다 아시는 전지하신 하나님이십니다(The Omniscient One).
③ 하나님은 죄 짓는 일과 거짓말을 하는 일 등이 아닌 자신이 원하시는 것은 그 무엇이나 다 행하실 수 있는 전능하신 분이십니다(The Omnipotent One).
④ 하나님은 영원히 살아계시는 분이십니다(창 21:33).
⑤ 하나님은 그의 본질과 속성, 그리고 의지 등에 있어서 영원히 변치 않으시는 영원 불변하신 하나님이십니다.
⑥ 하나님은 빛과 생명의 근원이 되시는 분이십니다.

본론

1 하나님의 보편적 속성(인간도 어느 정도 가지고 있는 속성)

1) 하나님은 거룩하신 분이십니다.

레 11:45

나는 너희의 하나님이 되려고 너희를 애굽 땅에서 인도하여 낸 여호와라 내가 거룩하니 너희도 거룩할지어다

'거룩'은 본래 죄나 더러움으로부터 분리된 상태를 가리키는 말입니다. 하나님은 거룩하신 분이시기 때문에 죄를 미워하십니다. 그러므로 우리가 죄를 지었을 때마다 자백하고 용서를 구해야 하는 이유가 여기에 있고(요일 1:9), 또 우리가 생각과 행동 등 모든 면에서 죄를 멀리 하고 하나님을 닮아가려고(거룩한 삶을 살아가려고) 노력해야 하는 이유도 바로 여기에 있습니다(롬 8:29).

2) 하나님은 사랑이십니다.

요일 4:7-8

7 사랑하는 자들아 우리가 서로 사랑하자 사랑은 하나님께 속한 것이니 사랑하는 자마다 하나님으로부터 나서 하나님을 알고 8 사랑하지 아니하는 자는 하나님을 알지 못하나니 이는 하나님은 사랑이심이라

요일 4:10

사랑은 여기 있으니 우리가 하나님을 사랑한 것이 아니요 하나님이 우리를 사랑하사 우리 죄를 속하기 위하여 화목 제물로 그 아들을 보내셨음이라

하나님의 사랑은 본래 인간의 생각으로는 그 깊이와 넓이를 측량할 수 없을 만큼 넓고 깊습니다. 하나님의 말씀을 거역하고 불순종했던 우리가 죄 용서함을 받고 다시 하나님의 자녀가 될 수 있었던 것은 그 깊이와 넓이를 측량할 수 없는 하나님의 무한하신 사랑 때문이었습니다.

인간에 대한 하나님의 사랑이 가장 잘 나타난 곳은 골고다 언덕 위에 세워졌던 예수님의 십자가입니다. 십자가에 못 박혀 죽어야 했던 사람은 예수님이 아니라 바로 우리였습니다. 그러나 우리 대신 하나님이신 예수님께서 십자가에 못 박혀 죽으심으로 말미암아 우리에 대한 하나님의 사랑이 얼마나 크고 깊은 것인지를 분명하게 나타내 보여주셨습니다(롬 5:8).

3) 하나님은 의로우신 분이십니다.

요 17:25

의로우신 아버지여 세상이 아버지를 알지 못하여도 나는 아버지를 알았사옵고 그들도 아버지께서 나를 보내신 줄 알았사옵나이다

대하 12:6

이에 이스라엘 방백들과 왕이 스스로 겸비하여 이르되 여호와는 의로우시다 하매

하나님의 의로우심은 하나님은 죄가 없으시며 그의 생각, 판단, 행동도 항상 옳음을 의미합니다. 하나님은 의로우신 분이시기 때문에 언젠가는 이 세상을 공의로 심판하실 것이라고 성경은 말합니다.

행 17:30-31

30 알지 못하던 시대에는 하나님이 간과하셨거니와 이제는 어디든지 사람에게 다 명하사 회개하라 하셨으니 31 이는 정하신 사람으로 하여금 천하를 공의로 심판할 날을 작정하시고 이에 그를 죽은 자 가운데

서 다시 살리신 것으로 모든 사람에게 믿을 만한 증거를 주셨음이니라 하니라

많은 사람들이 '하나님이 세상을 심판하신다고 말하면서, 설마 사랑의 하나님께서 우리를 지옥에 보내기까지 하시겠느냐'고 생각하며 '죄를 회개하고 예수를 믿지 아니하면 지옥에 간다'고 하는 사실을 믿지 않으려고 합니다. 그러나 우리는 하나님이 사랑의 하나님이시지만 동시에 세상을 공의로 심판하실 공의의 하나님이심을 잊지 말아야 합니다.

2 하나님의 사역(The Work/Activity of God)

1) 하나님은 이 세상 천지만물과 인간을 창조하셨습니다.

창 1:1
태초에 하나님이 천지를 창조하시니라

창 1:26-27
26 하나님이 이르시되 우리의 형상을 따라 우리의 모양대로 우리가 사람을 만들고 그들로 바다의 물고기와 하늘의 새와 가축과 온 땅과 땅에 기는 모든 것을 다스리게 하자 하시고 27 하나님이 자기 형상 곧 하나님의 형상대로 사람을 창조하시되 남자와 여자를 창조하시고

이 세상 만물은 본래 처음부터 존재했었던 것이 아닙니다. 태초에 하나님에 의해서 창조되었습니다. 따라서, 하나님을 모르면 우리는 이 세상 만물의 근원에 대해서 알 수 없습니다. 이 세상 만물이 하나님에 의해서 창조된 것은 이 세상 만물의 주인이 하나님이시고, 인간은 하나님의 청지기임을 말해줍니다(창 1:26).

인간도 역시 마찬가지입니다. 인간은 우연히 생겨난 존재도 아니고, 진화론자들이 주장하는 것처럼 침팬지나 원숭이로부터 진화된 존재도 아닙니다.

인간은 처음부터 하나님에 의해서, 하나님의 형상과 모양을 따라 지음을 받은 하나님의 자녀입니다. 따라서 하나님을 모르면 자신이 누구인지도, 어떻게 살아야 하는지도 모를 수 밖에 없습니다. 수많은 사람들이 삶의 의미를 찾지 못한 채 방황하는 이유 가운데 하나는 저들이 본래 하나님에 의해 창조된 하나님의 피조물임을 알지 못하기 때문입니다.

2) 하나님은 이 세상 만물을 주관하시고 다스리십니다.

히 1:3 상

이는 하나님의 영광의 광채시요 그 본체의 형상이시라 그의 능력의 말씀으로 만물을 붙드시며

느 9:6

오직 주는 여호와시라 하늘과 하늘들의 하늘과 일월 성신과 땅과 땅 위의 만물과 바다와 그 가운데 모든 것을 지으시고 다 보존하시오니 모든 천군이 주께 경배하나이다

우리가 살고 있는 우주는 사람이 만든 그 어떤 기계보다도 훨씬 더 복잡하고 정교하게 만들어져 있습니다. 예컨대, 태양과 지구와의 거리가 불과 몇 km만 가깝거나 멀기만 해도 지구는 사람이 살 수 없는 행성이 되고 맙니다. 그러나 지구는 사람이 살기에 가장 적합한 거리에서 매일 태양의 주위를 돌고 있습니다.

복잡한 우주만물이 서로 충돌하지 않고 원만하게 돌아가는 것은 저절로 그렇게 되는 것이 아닙니다. 누군가가 이 우주만물을 붙들고 운행하고 있기 때문에 서로 충돌하지 않고 원만하게 돌아갑니다. 성경은 우주만물

을 붙드시고 운행하시는 분은 바로 하나님이심을 말합니다. 전능하신 하나님께서 그 능력의 말씀으로 우주만물을 붙드시고 운행하시기 때문에 복잡한 우주는 오늘도 별 탈 없이 잘 돌아갑니다.

그러나 하나님은 단순히 우주와 만물만 다스리시고 주관하시는 것이 아닙니다. 한 걸음 더 나아가서, 인류의 역사도, 개인의 삶도 모두 하나님께서 주관하여 다스리십니다. 점점 악해져 가는 세상을 보면서, 그리고 때로는 왜 내가 이런 어려운 일들을 겪어야 하는지 이해할 수 없는 아픔이나 고난을 경험하면서, 정말 하나님이 살아계시고 또 우리의 삶을 주관하고 계시는지 의심이 들 때도 있습니다.

구약성경에 나오는 '욥'이라고 하는 사람을 아십니까? '욥'은 하나님도 인정하실 만큼 의로운 삶을 살던 사람이었습니다(욥 1:8). 그러나 하루아침에 그는 자기의 재산과 자녀, 심지어 건강을 다 잃어버렸습니다. 심지어 아내마저도 자기를 저주하며 떠나버렸습니다. 이 정도면 그 누구라도 하나님을 원망하거나 불신하기에 충분한 상황입니다. 욥은 이렇게 고백합니다.

욥 23:10

그러나 내가 가는 길을 그가 아시나니 그가 나를 단련하신 후에는 내가 순금 같이 되어 나오리라

욥의 고백은 지금 당장 내가 경험하고 있는 고난의 이유를 다 알지 못하지만 하나님은 궁극적으로 나의 삶을 더 나은 곳으로 인도해주실 것이라는 뜻입니다. 욥의 이러한 믿음과 고백대로 하나님은 어느 정도 시간이 지난 다음 욥에게서 고난을 거두어가시고 고난 받기 전보다 훨씬 더 큰 축복을 주셨다고 성경은 말합니다(욥 42:10-17).

지금 당장을 보면 이해 되지 않는 일들이 많습니다. 그러나 인생을 길게 볼 때 하나님의 실수하지 않으심을 깨닫게 됩니다. 또한 우리의 삶을 실수

없이 최선의 길로 인도하고 계심을 깨닫습니다. 따라서 우리는 미래에 대한 걱정이나 염려를 믿음으로 하나님 앞에 내려놓을 수 있습니다. 왜냐하면 하나님은 우리의 삶을 선한 길로 인도해 주실 것을 믿기 때문입니다.

3) 하나님은 인간을 죄로부터 구속(救贖)하셨습니다.

골 1:13-14
13 그가 우리를 흑암의 권세에서 건져내사 그의 사랑의 아들의 나라로 옮기셨으니 14 그 아들 안에서 우리가 속량 곧 죄 사함을 얻었도다

구속은 본래 '노예로 팔렸던 사람을 돈을 주고 다시 사서 자유롭게 해 주는 것'을 의미합니다. 아담의 범죄 이후로 인간은 너, 나 할 것 없이 죄의 종노릇을 하며 살아왔습니다. 그러나 하나님은 독생자 예수 그리스도를 이 땅에 보내셔서 우리 대신 십자가에 못 박혀 죽게 하셨습니다. 그리고 예수님이 십자가에서 흘리신 보배로운 피로 우리의 죗값을 대신 치르시고 죄의 종노릇 하던 우리를 자유롭게 하셨습니다(롬 6:16-18). 하나님은 우리를 죄에서 놓아 자유를 주신 구속자요 또한 구원자이십니다.

4) 하나님은 장차 온 인류를 심판하실 것입니다.

계 20:12
또 내가 보니 죽은 자들이 큰 자나 작은 자나 그 보좌 앞에 서 있는데 책들이 펴 있고 또 다른 책이 펴졌으니 곧 생명책이라 죽은 자들이 자기 행위를 따라 책들에 기록된 대로 심판을 받으니

인류의 역사도, 개인의 삶도 영원히 계속되지 않습니다. 언젠가는 이 세상이 끝날 때가 있습니다. 그 날은 역사의 종말인 동시에 아담 이래로 이

땅에 태어나서 살아왔던 모든 사람들에 대한 하나님의 최후의 심판의 날이 될 것입니다. 우리는 그 날이 언제일지 알지 못합니다. 그 날은 오직 하나님만 아십니다(마 24:36). 그러나 분명한 것은 그 날이 점점 가까워지고 있다는 사실입니다.

3 하나님과 인간과의 관계(The Relation between God & Man)

1) 하나님은 인간을 창조하신 창조주이십니다.

창 1:26-27

26 하나님이 이르시되 우리의 형상을 따라 우리의 모양대로 우리가 사람을 만들고 그들로 바다의 물고기와 하늘의 새와 가축과 온 땅과 땅에 기는 모든 것을 다스리게 하자 하시고 27 하나님이 자기 형상 곧 하나님의 형상대로 사람을 창조하시되 남자와 여자를 창조하시고

인간은 결코 진화되거나 우연히 생겨난 존재가 아닙니다. 인간은 처음부터 하나님에 의해서, 하나님의 형상과 모양에 따라 창조된 특별한 존재입니다(4강 '인간'에서 계속). 우리가 인간을 다른 동물들과 다른 존귀한 존재라고 말하는 이유는 인간이 처음부터 하나님의 형상과 모양대로 지음을 받은 존재이기 때문입니다.

2) 하나님은 우리를 죄에서 구속하신 구원자이십니다.

골 1:12-14

12 우리로 하여금 빛 가운데서 성도의 기업의 부분을 얻기에 합당하게 하신 아버지께 감사하게 하시기를 원하노라 13 그가 우리를 흑암의 권

세에서 건져내사 그의 사랑의 아들의 나라로 옮기셨으니 14 그 아들 안에서 우리가 속량 곧 죄 사함을 얻었도다

사탄은 에덴동산에서 첫 사람 아담과 하와를 유혹해서 하나님께 불순종하게 만들었습니다. 그 결과 인간은 죽음에 이르게 되었습니다. 아담과 하와의 후손인 인간은 이 죄와 죽음의 사슬에서 벗어나기 위해 여러 가지 많은 노력을 했습니다(예: 종교생활, 선행, 고행). 그러나 어느 누구도 자기 자신을 죄와 사망이라고 하는 구렁텅이에서 건져낼 수 없었습니다(롬 7:18-24). 이런 절망적인 상태에 있는 인간을 구원하신 분은 바로 우리를 창조하신 하나님이셨습니다.

성부 하나님은 첫 사람 아담과 하와가 에덴동산에서 죄를 범한 바로 그 순간부터 인간의 구원을 계획하셨습니다(창 3:14-15).

성자 하나님(예수님)은 십자가에서의 죽으심과 부활을 통해 인간의 죄를 대속해 주시고 구원을 완성하셨습니다(요 19:30 / 롬 4:25 / 행 4:12).

그리고 성령 하나님은 성부 하나님에 의해 계획되었고 성자 하나님에 의해 완성된 구원을 '복음 전도'라고 하는 방법을 통해서 우리에게 알려주고 계십니다(고전 1:21).

따라서, 우리의 구원을 계획하시고, 완성하시고, 또 알려주시는 삼위일체 하나님은 우리의 구속자이시며 또한 구원자이십니다.

3) 하나님은 예수 그리스도를 주님으로 믿고 영접한 모든 이들에게 아버지가 되십니다.

요 1:12

영접하는 자 곧 그 이름을 믿는 자들에게는 하나님의 자녀가 되는 권세(ἐξουσία → 권리)를 주셨으니

인간은 하나님의 형상과 모양대로 지음 받은 하나님의 피조물이었지만 하나님을 아버지라고 부를 수 있는 존재가 아니었습니다. 왜냐하면 인간은 하나님께 불순종하고 낙원에서 쫓겨난 죄인이었기 때문입니다. 그러나 자기의 죄를 회개하고 예수 그리스도를 주님으로 믿고 영접하는 이들에게 하나님은 다시 하나님의 자녀가 되는 권리를 주셨습니다. 그렇기 때문에 예수 그리스도를 주님으로 믿고 영접한 모든 이들에게 있어서 하나님은 아버지가 되십니다.

4) 하나님은 우리의 목자이십니다.

시 23:1

여호와는 나의 목자시니 내게 부족함이 없으리로다

목자는 사나운 짐승들로부터 양들을 보호하고 푸른 초장으로 인도하는 인도자입니다. 자기 자신이 양을 지키며 돌보는 목자였던 다윗은 하나님을 가리켜서 "여호와는 나의 목자"라고 노래했습니다. 왜냐하면 목자가 양들을 사나운 짐승들로부터 보호해 주며 푸른 초장으로 인도하듯 하나님께서 자기를 모든 대적들의 손에서 지켜 주시고 또 인도해 주셨기 때문입니다. 하나님은 다윗에게만 목자가 아니라 우리 모두에게도 목자가 되시는 분이십니다.

하나님은 우리가 환난을 만났을 때 우리의 피할 바위(피난처)시고 방패가 되시며, 구원자가 되시는 분입니다

삼하 22:3

내가 피할 나의 반석의 하나님이시요 나의 방패시요 나의 구원의 뿔이

시요 나의 높은 망대시요 그에게 피할 나의 피난처시요 나의 구원자시라 나를 폭력에서 구원하셨도다

우리의 삶은 고요하고 잔잔한 호수와 같은 평탄한 삶의 연속은 아닙니다. 때로는 바람이 불고 풍랑이 이는 험한 바다와도 같습니다. 이 험한 파도를 지나가는 우리에게 아버지요, 목자가 되신 하나님은 우리에게 피난처와 방패가 되어주시며 구원자가 되어 주십니다.

당신은 하나님에 대한 이러한 놀라운 사실들을 믿으십니까?

적용·숙제

❶ 사 45:5을 암송하십시오.

❷ 하나님은 어떤 분인지 당신의 말로 설명하십시오. 그리고 오늘 배운 내용들을 이번 주 안에 최소한 한 사람 이상 다른 사람들과 나누십시오.

인간

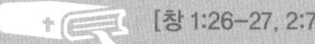 [창 1:26-27, 2:7]

1:26 하나님이 이르시되 우리의 형상을 따라 우리의 모양대로 우리가 사람을 만들고 그들로 바다의 물고기와 하늘의 새와 가축과 온 땅과 땅에 기는 모든 것을 다스리게 하자 하시고
1:27 하나님이 자기 형상 곧 하나님의 형상대로 사람을 창조하시되 남자와 여자를 창조하시고
2:7 여호와 하나님이 땅의 흙으로 사람을 지으시고 생기를 그 코에 불어넣으시니 사람이 생령이 되니라

오래 전부터 인간이 스스로에게 물어왔던 중요한 질문 두 가지가 있습니다.

- 나는 누구인가?
- 어떻게 살아야 하는가?

이 두 가지 질문 가운데서 더 중요한 질문은 바로 첫 번째 질문, "나는 누구인가"입니다. 그 이유는 내가 누구인지를 알지 못하면 내가 어떻게 살아야 하는지도 알 수 없기 때문입니다.

또 그렇게 되면 우리는 인생의 의미를 찾지 못한 채 70년, 80년 이 땅에서 방황하는 삶을 살다가 헛되게 자신의 인생을 끝낼 수밖에 없습니다.

따라서, "나는 누구인가"에 대한 문제는 비단 철학자들만의 고민이 아닌 우리 모두가 한 번쯤은 깊이 생각해 보아야 할 문제입니다. 그렇다면 여러분은 자신이 누구라고 생각하십니까?

1 나는 누구인가?

1) 무신론적 진화론자들의 견해

찰스 다윈(Charles Darwin, 1809~1882)의 영향을 받은 무신론적 진화론자들은 '인간은 원숭이로부터 진화된 존재'라고 말합니다. 그러나 '인간은 원숭이로부터 진화된 존재'라고 하는 학설은 과학이 발전할수록 틀린 이야기라고 하는 사실이 하나, 둘씩 드러나고 있습니다.

예컨대, 1950년대에 들어서면서 생물학자들은 다음과 같은 사실을 밝혀냅니다.

- 각 생물들마다 고유한 숫자의 염색체(染色體 / Chromosome)가 있다.
- 이 염색체의 수는 시간이 흘러도 진화되지 않는다.
- 또 염색체의 수가 다른 생물들끼리 교배해도 새로운 생명체가 탄생하지 않는다.

또한 사람의 염색체 수와 원숭이나 침팬지의 염색체 수는 같지 않습니다.

- **각 생물이 가지고 있는 고유한 염색체 수의 예** : 양파(16개), 무(18개), 모기(6개), 고양이(38개), 소(60개), 말(66개), 개(78개), 사람(46개), 침팬지/원숭이(48개).
- **인간의 염색체 수(→ 46) ≠ 원숭이의 염색체 수(→ 48)**

이러한 사실은 사람은 처음부터 사람이었고, 원숭이는 옛날이나 지금이나 똑같은 원숭이로서, 인간이 원숭이로부터 진화되었다고 하는 가설은 잘못된 것임을 말해줍니다. 더군다나 무신론적 진화론자들이 주장하는 것처럼 '원숭이로부터 인간으로 진화중인 생명체'는 지구상 그 어디에도 없습니다. 따라서, '인간은 원숭이로부터 진화되어 온 존재'라고 하는 무신론적 진화론자들의 주장은 잘못된 것입니다.

❷ 성경은 인간의 기원에 관해 무엇을 말하고 있는가?

1) 성경은 인간은 하나님에 의해, 하나님의 형상과 모양대로 만들어진 존재라고 말합니다.

> **창 1:26-27**
> 26 하나님이 이르시되 우리의 형상을 따라 우리의 모양대로 우리가 사람을 만들고 그들로 바다의 물고기와 하늘의 새와 가축과 온 땅과 땅에 기는 모든 것을 다스리게 하자 하시고 27 하나님이 자기 형상 곧 하나님의 형상대로 사람을 창조하시되 남자와 여자를 창조하시고

인간은 하나님께서 목적을 가지고 직접 창조하신 존재입니다. 유인원으로부터 진화된 존재가 아닙니다. 인간의 원형은 하나님 자신이었습니다. 우리가 인간을 다른 동물들과는 달리 '존귀한 존재'라고 말하는 이유가 바로 여기에 있습니다.

2) 성경은 "하나님께서 흙으로 사람을 지으시고 그 코에 생기를 불어넣으시매 사람이 생령이 되었다"고 말합니다.

> **창 2:7**
> 여호와 하나님이 땅의 흙으로 사람을 지으시고 생기를 그 코에 불어넣으시니 사람이 생령이 되니라

인간은 처음부터 다른 동물들과는 다르게 지어진 존재입니다. 하나님께서 만드신 생명체 가운데 직접 생기를 불어넣으신 것은 인간 뿐입니다 (창 1:24과 비교).

창 1:24

하나님이 이르시되 땅은 생물을 그 종류대로 내되 가축과 기는 것과 땅의 짐승을 종류대로 내라 하시니 그대로 되니라

우리가 인간을 다른 동물들과는 달리 '존귀한 존재'라고 말하는 이유가 바로 여기에 있습니다.

3) 인간은 동물적인 속성(흙)과 하나님의 속성(영적인 속성)을 함께 가지고 있는 존재로 지어졌습니다.

인간은 흙으로 만들어졌지만 하나님의 형상과 모양대로 지어졌기 때문에 그 안에 하나님의 속성(영적인 속성)이 함께 있습니다. 따라서, 이 두 가지 속성 가운데서 어느 속성을 더 개발하느냐에 따라 인간은 동물과도 같은 존재도 될 수 있고 하나님을 닮은 영적인 존재도 될 수가 있습니다.

하나님께서 우리를 그리스도인으로 부르신 이유 가운데 하나는 "잃어버린 하나님의 형상을 되찾게 하기 위함"입니다(롬 8:29).

롬 8:29 상

하나님이 미리 아신 자들을 또한 그 아들의 형상을 본받게 ($\sigma\acute{\upsilon}\mu\mu\rho\rho\varphi\sigma\varsigma$) 하기 위하여 미리 정하셨으니
↳ '같은 모양을 가진 존재'

❸ 하나님께서 인간을 창조하신 이유/목적

1) 하나님께서 창조하신 다른 피조물들을 관리하고 다스리게 하기 위해서입니다.

창 1:26

하나님이 이르시되 우리의 형상을 따라 우리의 모양대로 우리가 사람을 만들고 그들로 바다의 물고기와 하늘의 새와 가축과 온 땅과 땅에 기는 모든 것을 다스리게 하자 하시고

인간은 이 세상 만물의 주인이 아니라 관리자이면서, 동시에 하나님의 청지기입니다. 하나님의 청지기로서 우리는 우리가 살고 있는 지구와 자연환경을 잘 관리하고 보전해야 하는 책임과 의무가 있습니다.

2) 하나님 자신의 영광을 위해서였습니다.

사 43:7

내 이름으로 불려지는 모든 자 곧 내가 내 영광을 위하여 창조한 자를 오게 하라 그를 내가 지었고 그를 내가 만들었느니라

하나님의 영광을 위해 창조된 인간은 자신의 삶을 통해 그 영광을 드러내야 합니다. 그래서 예수님은 마태복음 5:16에서 우리 그리스도인들에게 "이같이 너희 빛이 사람 앞에 비치게 하여 그들로 너희 착한 행실을 보고 하늘에 계신 너희 아버지께 영광을 돌리게 하라"고 말씀하셨습니다.

3) 하나님이 인간을 창조하신 또 하나의 목적은 인간과 더불어 사랑을(교제를)나누시기 위해서였습니다.

요일 4:10

사랑은 여기 있으니 우리가 하나님을 사랑한 것이 아니요 하나님이 우리를 사랑하사 우리 죄를 속하기 위하여 화목 제물로 그 아들을 보내셨음이라

하나님은 절대자이지만, 자기의 형상과 모양을 따라 인간을 창조하여 인간과 더불어 사랑과 교제를 나눌 수 있기를 원하셨습니다.

4 인간의 범죄와 타락, 그리고 그 결과

성경은 이렇게 특별하게 지음을 받은 인간이 범죄하고 타락했다고 말합니다.

1) 범죄의 내용

창 2:16-17

16 여호와 하나님이 그 사람에게 명하여 이르시되 동산 각종 나무의 열매는 네가 임의로 먹되 17 선악을 알게 하는 나무의 열매는 먹지 말라 네가 먹는 날에는 반드시 죽으리라 하시니라

창 3:2-3

2 여자가 뱀에게 말하되 동산 나무의 열매를 우리가 먹을 수 있으나 3 동산 중앙에 있는 나무의 열매는 하나님의 말씀에 너희는 먹지도 말고 만지지도 말라 너희가 죽을까 하노라 하셨느니라

창 3:6

여자가 그 나무를 본즉 먹음직도 하고 보암직도 하고 지혜롭게 할 만큼 탐스럽기도 한 나무인지라 여자가 그 열매를 따먹고 자기와 함께 있는 남편에게도 주매 그도 먹은지라

범죄의 내용은 한 마디로 말해서 '하나님의 말씀에 대한 불신앙과 불순종'이었습니다.

① **불신앙** : 하나님은 아담에게 "동산 각종 나무의 실과는 네가 임의로 먹되 선악을 알게 하는 나무의 실과는 먹지 말라 네가 먹는 날에는 반드시 죽으리라"고 말씀하셨습니다(창 2:16-17). 그러나 하와는 "동산 나무의 열매를 우리가 먹을 수 있으나 동산 중앙에 있는 나무의 열매는 하나님의 말씀에 너희는 먹지도 말고 만지지도 말라 너희가 죽을까 하노라"라고 말하면서 하나님의 말씀에 대해 의심을 표명했습니다(창 3:2-3).

② **불순종** : 인간은 뱀의 유혹에 넘어가 하나님께서 먹지 말라고 하신 동산 중앙에 있는 선악을 알게 하는 나무의 열매를 따 먹었습니다.

이것이 바로 인간의 범죄와 타락의 시작이었습니다. 옛날이나 지금이나 인간의 범죄나 타락은 항상 하나님에 대한 '불신앙과 불순종'으로부터 시작됩니다. 하나님의 말씀을 가볍게 여기거나 무시하는 것처럼 어리석은 것은 없습니다. 왜냐하면, 하나님의 말씀을 가볍게 여기거나 무시하는 바로 그 순간부터 인간은 죄와 타락의 길로 접어들게 되기 때문입니다.

왜 하나님은 '선악과'를 에덴동산에 만들어 놓으셨을까?

하나님이 에덴동산에 선악과를 만들어 놓으신 이유는 인간을 불행하게 만들기 위해서가 아니라, 도리어 인간의 행복을 지켜주기 위해서였습니다. 인간이 낙원에서 행복하게 살려면 두 가지 조건이 필요했습니다.

① 하나님을 잊어버리지 말아야 합니다.
② 하나님의 말씀에 순종해야 합니다.

동산 중앙에 있는 선악과는 인간으로 하여금 하나님의 존재를 잊지 않게 해주고, 하나님의 말씀에 순종해야 함을 상기시켜주는 '행복의 울타리'와 같은 것이었습니다.

2) 범죄(불순종)의 동기

① 탐욕

창 2:16-17
16 여호와 하나님이 그 사람에게 명하여 이르시되 동산 각종 나무의 열매는 네가 임의로 먹되 17 선악을 알게 하는 나무의 열매는 먹지 말라 네가 먹는 날에는 반드시 죽으리라 하시니라

창 3:6
여자가 그 나무를 본즉 먹음직도 하고 보암직도 하고 지혜롭게 할 만큼 탐스럽기도 한 나무인지라 여자가 그 열매를 따먹고 자기와 함께 있는 남편에게도 주매 그도 먹은지라

에덴동산에는 선악과 말고도 먹을 것이 많았습니다. 그러나 하나님이 아담과 하와에게 먹지 말라고 말씀하신 것이 있었는데 그것은 딱 하나, 선악과뿐이었습니다. 그럼에도 불구하고 선악과까지 먹으려고 한 것은 지나친 욕심이었습니다. 그래서 성경은 "욕심이 잉태한즉 죄를 낳는다"(약 1:15)고 말합니다.

② 교만

창 3:5
너희가 그것을 먹는 날에는 너희 눈이 밝아져 하나님과 같이 되어 선악을 알 줄 하나님이 아심이니라

교만이란 한 마디로 '자기를 높이는 것'을 말합니다.
사람은 하나님의 피조물이지, 하나님과 똑같은 존재가 아닙니다. 그럼

에도 불구하고 피조물인 인간이 하나님처럼 되고자 하는 야망을 품었습니다. 이것은 큰 교만이 아닐 수 없습니다.

성경은 "교만은 패망의 선봉"(잠 16:18)이라고 말합니다. 교만하면 반드시 망함을 교훈합니다. 따라서 우리는 교만하게 행동하지 않도록 주의해야 합니다.

③ 하나님의 말씀에 대한 불신

창 2:17
선악을 알게 하는 나무의 열매는 먹지 말라 네가 먹는 날에는 반드시 죽으리라 하시니라

창 3:3
동산 중앙에 있는 나무의 열매는 하나님의 말씀에 너희는 먹지도 말고 만지지도 말라 너희가 죽을까 하노라 하셨느니라

하나님은 인간이 선악과를 먹으면 반드시 죽는다고 말씀하셨습니다. 그러나 하와는 "죽을까 하노라"고 말하면서 하나님의 말씀에 대해 의심을 표명했습니다. 그리고 그 의심은 하나님의 말씀에 대한 불순종으로 나타났습니다.

3) 불순종의 결과

① 하나님과 인간과의 관계가 깨졌습니다.

사 59:2
오직 너희 죄악이 너희와 너희 하나님 사이를 갈라 놓았고 너희 죄가 그의 얼굴을 가리어서 너희에게서 듣지 않으시게 함이라

② 하나님의 징벌이 임했습니다.

창 3:16

또 여자에게 이르시되 내가 네게 임신하는 고통을 크게 더하리니 네가 수고하고 자식을 낳을 것이며 너는 남편을 원하고 남편은 너를 다스릴 것이니라 하시고

창 3:17

아담에게 이르시되 네가 네 아내의 말을 듣고 내가 네게 먹지 말라 한 나무의 열매를 먹었은즉 땅은 너로 말미암아 저주를 받고 너는 네 평생에 수고하여야 그 소산을 먹으리라

창 3:19

네가 흙으로 돌아갈 때까지 얼굴에 땀을 흘려야 먹을 것을 먹으리니 네가 그것에서 취함을 입었음이라 너는 흙이니 흙으로 돌아갈 것이니라 하시니라

③ 에덴동산에서 쫓겨났습니다. 그리고 이마에서 땀을 흘려야 먹고 살 수 있게 되었습니다.

창 3:23

여호와 하나님이 에덴 동산에서 그를 내보내어 그의 근원이 된 땅을 갈게 하시니라

하나님께 불순종한 죄인은 결코 낙원의 복을 누릴 수 없습니다.

4) 죄가 세상에 들어오고 사망이 모든 사람에게 임했습니다.

롬 5:12

그러므로 한 사람으로 말미암아 죄가 세상에 들어오고 죄로 말미암아 사망이 들어왔나니 이와 같이 모든 사람이 죄를 지었으므로 사망이 모든 사람에게 이르렀느니라

　　이 세상에서 죽기를 원하는 사람은 아무도 없습니다. 그러나 모든 사람들은 누구나 다 죽음을 경험할 수 밖에 없습니다. 그 이유는 이 세상 사람들은 모두가 다 하나님 앞에 죄인이고 또 죄의 삯은 사망이기 때문입니다(롬 3:23, 6:23). 인류를 죽음에 이르게 한 '죄'는 하나님께 대한 아담과 하와의 불신앙과 불순종에서 비롯되었습니다.

5) 장차 하나님의 심판과 지옥의 형벌을 받아야 할 운명에 놓였습니다.

히 9:27

한번 죽는 것은 사람에게 정해진 것이요 그 후에는 심판이 있으리니

계 20:12-15

12 또 내가 보니 죽은 자들이 큰 자나 작은 자나 그 보좌 앞에 서 있는데 책들이 펴 있고 또 다른 책이 펴졌으니 곧 생명책이라 죽은 자들이 자기 행위를 따라 책들에 기록된 대로 심판을 받으니 13 바다가 그 가운데에서 죽은 자들을 내주고 또 사망과 음부도 그 가운데에서 죽은 자들을 내주매 각 사람이 자기의 행위대로 심판을 받고 14 사망과 음부도 불못에 던져지니 이것은 둘째 사망 곧 불못이라 15 누구든지 생명책에 기록되지 못한 자는 불못에 던져지더라

　　성경은 "죽음이 인생의 끝이 아니다"라고 말합니다. 죽음 뒤에는 하나님의 심판이 기다리고 있습니다. 그리고 그 심판의 결과에 따라 어떤 이는 천국에, 또 어떤 이는 지옥에 들어가게 될 것입니다. 이것이 지금 현재 인류

가 처한 현실입니다. 어떤 이들은 성경말씀 그대로 죽은 다음에 하나님의 심판이 있으며, 또 천국과 지옥도 존재함을 믿습니다. 그러나 또 어떤 이들은 이 사실을 믿지 않습니다.

그러나 우리가 믿건, 믿지 아니하건 하나님은 존재하십니다. 뿐만 아니라 하나님의 심판도 있고 천국과 지옥도 존재합니다. 여러분, 누가 이 세상에서 교도소가 없기를 제일 바라겠습니까? 다름 아닌 죄를 짓고 교도소에 가야 할 사람들일 것입니다. 그러나 아무리 그 존재를 부정하고 싶어도 교도소는 실제로 존재하듯 지옥도 역시 실제로 존재합니다. 따라서 성경이 분명히 있다고 말하는 하나님의 심판이나 지옥을 없다고 부정하려고 애쓰기 보다는 차라리 지옥에 가지 않을 방법을 찾는 것이 훨씬 더 현명한 태도일 것입니다.

결론

인간은 본래 하나님의 형상과 모양대로 지음을 받은 영광스러운 존재였습니다. 그러나 첫 사람 아담과 하와의 하나님에 대한 '불신앙과 불순종'으로 말미암아 죄가 세상에 들어오고, 또 그 죄로 인해서 인류는 하나님의 심판과 영원한 지옥의 형벌을 받아야 할 운명에 놓이게 되었습니다.

그렇다면 우리는 어떻게 해야 하나님의 심판과 영원한 지옥의 형벌에서 벗어나서 영원한 생명을 얻을 수 있을까요?(다음 과에서 계속)

 **적용·숙제**

❶ 창 1:26-27을 암송하십시오..

❷ 다음 물음에 답하십시오.

• 인간은 본래 어떤 존재인가?

• 지금 현재는 어떤 상황에 처해 있는가?

• 인간이 그렇게 된 원인이 어디에 있는가?

❸ 그리고 그 내용을 이번 주 안에 최소한 한 번 이상 다른 사람에게 설명하시길 바랍니다.

구원 :
예수 그리스도

 [요 3:16 / 엡 2:8-9]

요 3:16   하나님이 세상을 이처럼 사랑하사 독생자를 주셨으니 이는 그를 믿는 자마다 멸망하지 않고 영생을 얻게 하려 하심이라

엡 2:8-9   8 너희는 그 은혜에 의하여 믿음으로 말미암아 구원을 받았으니 이것은 너희에게서 난 것이 아니요 하나님의 선물이라

         9 행위에서 난 것이 아니니 이는 누구든지 자랑하지 못하게 함이라

복습

지난 과에서 우리는 '인간의 기원과 범죄의 결과'에 대해서 공부했습니다.

- 인간은 누구에 의해, 어떻게 만들어졌습니까?
- 하나님에 대한 '불신앙과 불순종'의 결과는 무엇이었습니까?(사 59:2 / 창 3:16-23 / 롬 5:12 / 히 9:27).

인간은 본래 하나님의 형상과 모양대로 지음 받은 영광스러운 존재였습니다. 그러나 첫 사람 아담과 하와의 하나님께 대한 '불신앙과 불순종'으로 인해 모든 사람이 죄인이 되었습니다. 또 그 결과로 하나님의 심판과 영원한 지옥의 형벌을 받습니다. 그렇다면 우리는 어떻게 해야 하나님의 심판과 지옥의 형벌로부터 구원을 받을 수 있을까요?

1 구원을 얻기 위해서 인간의 노력과 결과

1) 죄와 사망으로부터 벗어나기 위해 인류는 어떤 일들을 했었는가?

① 각각 자신들의 신과 종교를 만들고 그 신들을 의지함

<u>욘 1:4-5</u>
4 여호와께서 큰 바람을 바다 위에 내리시매 바다 가운데에 큰 폭풍이 일어나 배가 거의 깨지게 된지라 5 상 사공들이 두려워하여 각각 자기의 신을 부르고

행 17:22-23

22 바울이 아레오바고 가운데 서서 말하되 아덴 사람들아 너희를 보니 범사에 종교심이 많도다 23 내가 두루 다니며 너희가 위하는 것들을 보다가 알지 못하는 신에게라고 새긴 단도 보았으니

유일하신 참 하나님을 섬기는 유대교와 기독교를 제외한 다른 모든 종교들은 사람들이 만든 종교입니다. 사람들이 종교를 만들고 신을 섬기기 시작한 이유는 죽음에서 벗어나 영원한 생명을 얻거나 혹은 신의 도움(축복)을 받기 위해서였습니다.

② 고행과 수련을 하거나 선을 행함

③ 모세의 율법을 지키기 위해 열심히 노력함

행 15:1

어떤 사람들이 유대로부터 내려와서 형제들을 가르치되 너희가 모세의 법대로 할례를 받지 아니하면 능히 구원을 받지 못하리라 하니

2) 그 결과는 무엇인가?

롬 3:23

모든 사람이 죄를 범하였으매 하나님의 영광에 이르지 못하더니
↘ 실패함

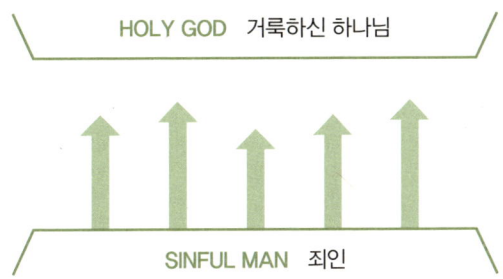

3) 왜 인간은 스스로의 노력으로 구원에 이를 수 없었습니까?

① 아담과 하와로부터 물려받은 죄로 인해 인간은 태어날 때부터 이미 죄인이었기 때문입니다.

롬 5:12

그러므로 한 사람으로 말미암아 죄가 세상에 들어오고 죄로 말미암아 사망이 들어왔나니 이와 같이 모든 사람이 죄를 지었으므로 사망이 모든 사람에게 이르렀느니라

　우리가 이 세상에 태어나서 죄를 짓기 시작했기 때문에 죄인이 된 것이 아닙니다. 우리는 태어나기 전부터 아담과 하와의 죄의 피를 물려받은 죄인입니다. 따라서, 어느 한 순간부터 죄를 멀리하고 선을 행하기 시작한다고 해서 죄인이 의인으로 변화되지 않습니다.

② 율법은 인간에게 100% 완벽한 준수를 요구하기 때문입니다.

약 2:10
누구든지 온 율법을 지키다가 그 하나를 범하면 모두 범한 자가 되나니

갈 2:16
사람이 의롭게 되는 것은 율법의 행위로 말미암음이 아니요 오직 예수 그리스도를 믿음으로 말미암는 줄 알므로 우리도 그리스도 예수를 믿나니 이는 우리가 율법의 행위로써가 아니고 그리스도를 믿음으로써 의롭다 함을 얻으려 함이라 율법의 행위로써는 의롭다 함을 얻을 육체가 없느니라

613개의 율법 조항 가운데 단 하나만 어겨도 우리는 죄인입니다.

③ 하나님은 인간이 행위로 지은 죄뿐만 아니라 생각과 마음으로 지은 죄도 역시 똑같은 죄로 여기시기 때문입니다.

마 5:28
나는 너희에게 이르노니 음욕을 품고 여자를 보는 자마다 마음에 이미 간음하였느니라

요일 3:15
그 형제를 미워하는 자마다 살인하는 자니 살인하는 자마다 영생이 그 속에 거하지 아니하는 것을 너희가 아는 바라

따라서, 눈으로 볼 수 있는 행위로 죄를 짓지 않았다고 해서 하나님 앞에 의인이 될 수 없습니다.

❷ 인간을 구원하시기 위한 하나님의 방법

인간을 구원하기 위해서 하나님이 하신 일은 무엇입니까?

1) 아담과 하와가 죄를 범한 바로 그 순간부터 하나님은 인간을 죄와 사망으로부터 구원하시기로 계획하시고 또 이 사실을 선포하셨습니다.

   창 3:15
   내가 너로 여자와 원수가 되게 하고 네 후손도 여자의 후손과 원수가 되게 하리니 여자의 후손은 네 머리를 상하게 할 것이요 너는 그의 발꿈치를 상하게 할 것이니라 하시고

   여기서 '여자의 후손'은 장차 동정녀의 몸에서 태어나게 될 예수님을 의미합니다. "뱀의 머리를 상하게 할 것"이라고 하는 말은 십자가에서의 죽으심과 부활하심을 통해서 마귀의 권세(죄와 사망의 권세)를 깨뜨리시고 승리하실 것을 의미합니다.

2) 약 2000년 전에 하나님은 자신이 약속하신 대로 하나님의 독생자 예수 그리스도를 이 땅에 보내주셨습니다.

   마 1:21
   아들을 낳으리니 이름을 예수라 하라 이는 그가 자기 백성을 그들의 죄에서 구원할 자이심이라 하니라

3) 우리의 죄를 대속하시기 위해 예수님을 십자가에 못 박아 죽게 하셨습니다.

사 53:6

우리는 다 양 같아서 그릇 행하여 각기 제 길로 갔거늘 여호와께서는 우리 모두의 죄악을 그에게 담당시키셨도다

롬 4:25 상

예수는 우리가 범죄한 것 때문에 내줌이 되고

4) 누구든지 예수를 믿는 자들은 구원해 주시겠다고 약속하셨습니다.

요 3:16

하나님이 세상을 이처럼 사랑하사 독생자를 주셨으니 이는 그를 믿는 자마다 멸망하지 않고 영생을 얻게 하려 하심이니라

롬 10:13

누구든지 주의 이름을 부르는 자는 구원을 받으리라

5) 그리고 자기의 종들을 보내 이 사실(복음)을 온 땅에 전하게 하셨습니다.

마 28:19

그러므로 너희는 가서 모든 민족을 제자로 삼아 아버지와 아들과 성령의 이름으로 침(세)례를 베풀고

막 16:15

또 이르시되 너희는 온 천하에 다니며 만민에게 복음을 전파하라

6) 예수는 하나님께서 인간을 구원하시기 위해 보내신 유일한 구원자이십니다.

요 14:6

예수께서 이르시되 내가 곧 길이요 진리요 생명이니 나로 말미암지 않

고는 아버지께로 올 자가 없느니라

행 4:12

다른 이로써는 구원을 받을 수 없나니 천하 사람 중에 구원을 받을 만한 다른 이름을 우리에게 주신 일이 없음이라 하였더라

우리가 여러 가지 어려움을 겪으면서도 예수님을 믿어야 하는 이유는 무엇입니까? 또 온 세상 사람들에게 복음을 전해야 하는 이유는 무엇입니까?

바로 예수가 하나님께서 인간을 구원하시기 위해 보내신 유일한 구원자이기 때문입니다.

3 죄사함을 받고 구원에 이르는 방법

1) 자신의 죄를 자백하고 회개해야 합니다.

마 3:2

회개하라 천국이 가까이 왔느니라 하였으니

행 17:30

알지 못하던 시대에는 하나님이 간과하셨거니와 이제는 어디든지 사람에게 다 명하사 회개하라 하셨으니

죄에 대한 회개가 없이 무조건 예수만 믿으면 구원받는다고 하는 것은 잘못된 가르침입니다. 성경은 분명히 회개하고 예수를 믿을 것을 말하고 있습니다.

2) 예수님을 우리 마음속에 주님으로 믿고 영접해야 합니다.

행 16:30-31

30 그들을 데리고 나가 이르되 선생들이여 내가 어떻게 하여야 구원을 받으리이까 하거늘 31 이르되 주 예수를 믿으라 그리하면 너와 네 집이 구원을 받으리라 하고

3) 여기서 잠시 몇 가지 중요한 질문을 당신에게 하고 싶습니다.

① 당신은 자신이 죄인임을 인정하십니까?
② 당신은 예수님께서 당신의 죄를 대속(redeem)하시기 위해 십자가에서 죽으셨다가 다시 살아나셨음을 믿으십니까?
③ 당신은 자신의 죄를 회개하고 예수님을 당신의 구주로 마음속에 영접하셨습니까?

4) 만일 위의 세 가지 질문에 대해 모두 진심으로 "그렇다"고 답변하셨다면 당신은 이미 구원을 받으셨습니다. 축하드립니다.

만일 이 질문에 대해서 "그렇다"고 답변하지 못하셨다면 지금 이 순간 자신이 죄인임을 고백하고 마음속에 예수님을 주님으로 영접하시기 바랍니다.

4 예수님을 주님으로 영접한 이들에게 하나님이 주신 약속

1) 하나님의 자녀가 되는 권세를 주셨습니다.

요 1:12

영접하는 자 곧 그 이름을 믿는 자들에게는 하나님의 자녀가 되는 권

세를 주셨으니

예수님을 믿기 전에는 우리가 하나님의 자녀가 아니었습니다. 공중의 권세를 잡은 마귀의 뜻을 따라 살던 마귀의 자녀요, 어두움의 자녀였습니다(엡 2:2). 그런 우리에게 하나님은 '하나님의 자녀'라고 하는 합법적 지위를 허락해 주셨습니다.

2) 영생을 주셨습니다.

요 10:28
내가 그들에게 영생을 주노니 영원히 멸망하지 아니할 것이요 또 그들을 내 손에서 빼앗을 자가 없느니라

더 이상 죽음의 권세는 우리를 지배할 수 없습니다. 그리스도인들은 그 누구도 빼앗을 수 없는 영원한 생명이 보장되어 있습니다.

3) 영원한 천국을 주시겠다고 약속해 주셨습니다.

요 14:3
가서 너희를 위하여 거처를 예비하면 내가 다시 와서 너희를 내게로 영접하여 나 있는 곳에 너희도 있게 하리라

이 세상은 언젠가 불에 타서 없어질 곳입니다(벧후 3:10). 그러나 우리에게는 새 하늘과 새 땅이 기다리고 있습니다(계 21). 따라서 우리는 이 땅이 아닌 천국에 소망을 두고 살아야 합니다(골 3:1 / 빌 3:20).

4) 진정한 평안을 주시겠다고 약속해 주셨습니다.

요 14:27

평안을 너희에게 끼치노니 곧 나의 평안을 너희에게 주노라 내가 너희에게 주는 것은 세상이 주는 것과 같지 아니하니라 너희는 마음에 근심하지도 말고 두려워하지도 말라

평안은 우리가 처한 환경이나 또는 세상으로부터 오는 것이 아니라 하나님께로부터 옵니다. 따라서 하나님이 주시는 평안은 세상이 주는 것처럼 우리가 처한 환경과 상황에 따라 변하지 않습니다. 언제, 어떤 상황에서도 누릴 수 있는 절대적인 평안입니다.

5) 우리의 기도를 응답해 주시겠다고 약속하셨습니다.

요 16:24

지금까지는 너희가 내 이름으로 아무 것도 구하지 아니하였으나 구하라 그리하면 받으리니 너희 기쁨이 충만하리라

예수님의 이름으로 기도할 수 있는 이유는 그 동안 기도의 응답을 가로막고 있던 죄의 문제가 예수님의 보혈로 해결되었고, 또 하나님이 우리의 아버지가 되셨기 때문(하나님과 화목하게 되었기 때문)입니다.

구원은 율법의 행위나 종교 활동, 혹은 선한 일을 한 결과로서 얻어지는 것이 아닙니다. 구원은 자신의 죄를 회개하고 예수 그리스도를 주님으로 영접한 이들에게 거저 주시는 하나님의 선물입니다.

당신이 예수 그리스도를 마음속에 구주와 주님으로 영접하셨다면 무엇을 해야 할까요?

결론

1 성부, 성자, 성령의 이름으로 침(세)례를 받아야 합니다

마 28:19

그러므로 너희는 가서 모든 민족을 제자로 삼아 아버지와 아들과 성령의 이름으로 침(세)례를 베풀고

침(세)례를 받는 것이 구원의 절대적인 조건은 아닙니다. 그러나 침(세)례 받음은 '예수님이 나의 죄 값을 치르시기 위해 나 대신 십자가에서 죽으셨고 사흘 만에 부활하셨음'을 내가 믿는다고 하나님과 사람들 앞에 공개적으로 시인하는 신앙고백입니다. 동시에 그리스도인으로서 하나님에 대한 첫 번째 순종의 표시입니다. 따라서 그리스도인들은 침(세)례를 받는 것이 마땅합니다.

2 다른 사람에게 이 구원의 기쁜 소식(복음)을 전해야 합니다

딤후 4:2

너는 말씀을 전파하라 때를 얻든지 못 얻든지 항상 힘쓰라 범사에 오래 참음과 가르침으로 경책하며 경계하며 권하라

왜냐하면 하나님은 나뿐만 아니라 이 세상 모든 사람들이 예수 믿고 구원받기를 원하시기 때문입니다.

벧후 3:9

주의 약속은 어떤 이들이 더디다고 생각하는 것 같이 더딘 것이 아니라 오직 주께서는 너희를 대하여 오래 참으사 아무도 멸망하지 아니하고 다 회개하기에 이르기를 원하시느니라

❸ 하나님의 자녀답게 새로운 삶을 살아야 합니다

엡 5:8

너희가 전에는 어둠이더니 이제는 주 안에서 빛이라 빛의 자녀들처럼 행하라

롬 13:12-14

12 밤이 깊고 낮이 가까웠으니 그러므로 우리가 어둠의 일을 벗고 빛의 갑옷을 입자 13 낮에와 같이 단정히 행하고 방탕하거나 술 취하지 말며 음란하거나 호색하지 말며 다투거나 시기하지 말고 14 오직 주 예수 그리스도로 옷 입고 정욕을 위하여 육신의 일을 도모하지 말라

하나님이 우리를 죄와 사망에서 구원하시고 그의 자녀가 되게 하신 것은 우리가 계속해서 어두움 속에서 살게 하시기 위해서가 아닙니다. 하나님처럼 빛 가운데서 살게 하시기 위함입니다. 따라서 우리는 하나님의 자녀답게 과거와는 다른 새로운 삶을 살아야합니다.

 **적용·숙제**

❶ 요 3:16 / 엡 2:8-9을 암송하십시오.

❷ 만일 아직 침(세)례를 받지 않으셨다면 빠른 시일 내에 침(세)례를 받으십시오.

❸ 당신이 예수 믿고 나서 달라진 것이 무엇인지 나눠봅시다.

❹ 오늘 깨닫고 배운 내용을 이번 주 안에 최소한 2~3명에게 전하십시오.

보혜사 성령

 [요 14:16-17, 25-26]

14:16 내가 아버지께 구하겠으니 그가 또 다른 보혜사를 너희에게 주사 영원토록 너희와 함께 있게 하리니
14:17 그는 진리의 영이라 세상은 능히 그를 받지 못하나니 이는 그를 보지도 못하고 알지도 못함이라 그러나 너희는 그를 아나니 그는 너희와 함께 거하심이요 또 너희 속에 계시겠음이라
14:25 내가 아직 너희와 함께 있어서 이 말을 너희에게 하였거니와
14:26 보혜사 곧 아버지께서 내 이름으로 보내실 성령 그가 너희에게 모든 것을 가르치고 내가 너희에게 말한 모든 것을 생각나게 하리라

성령 개관

먼저 요한복음 14:16-17, 25-26을 읽어보십시오.

1) 예수님은 성령을 가리켜서 어떤 분이라고 말씀하셨습니까?

   요 14:16-17 상
   16 내가 아버지께 구하겠으니 그가 또 다른 보혜사를 너희에게 주사 영원토록 너희와 함께 있게 하리니 17 그는 진리의 영이라 세상은 능히 그를 받지 못하나니 이는 그를 보지도 못하고 알지도 못함이라 그러나 너희는 그를 아나니 그는 너희와 함께 거하심이요 또 너희 속에 계시겠음이라

   - 보혜사(保惠師 / Helper, Comforter, Counselor)
   - 진리의 영

   ① 본문을 통해 알 수 있는 성령님은 어떤 분이십니까?
   - 성령은 비인격적 존재(능력, 기적 등)가 아닙니다. 성령은 인격적 존재입니다.
   - 성령은 우리가 힘들고 어려울 때 도와주시고, 위로해 주시고, 상담(조언)해 주시는 분입니다.
     ↳ 우리가 믿음을 지키고 은혜 가운데서 살 수 있도록 도와주시는 분(保惠師)
   - 우리에게 진리를 가르치시고 진리의 길로 인도해 주시는 분입니다(진리의 스승).

2) 성령은 본래 누구로부터, 누구에게 오시는 것입니까?

① 누구로부터

하나님께로부터

② 누구에게

자기의 죄를 회개하고 예수 그리스도를 구주와 주님으로 영접한 사람들, 다시 말해서 거듭난 그리스도인들에게 오십니다. 구약시대에는 제사장이나 선지자 등 하나님이 택하신 특정한 사람들에게만 한시적으로 성령이 임했습니다.

민 11:25

여호와께서 구름 가운데 강림하사 모세에게 말씀하시고 그에게 임한 영을 칠십 장로에게도 임하게 하시니 영이 임하신 때에 그들이 예언을 하다가 다시는 하지 아니하였더라

삼상 16:13-14

13 사무엘이 기름 뿔병을 가져다가 그의 형제 중에서 그에게 부었더니 이 날 이후로 다윗이 여호와의 영에게 크게 감동되니라 사무엘이 떠나서 라마로 가니라 14 여호와의 영이 사울에게서 떠나고 여호와께서 부리시는 악령이 그를 번뇌하게 한지라

겔 2:2

그가 내게 말씀하실 때에 그 영이 내게 임하사 나를 일으켜 내 발로 세우시기로 내가 그 말씀하시는 자의 소리를 들으니

그러나 신약시대에 와서는 회개하고 예수 그리스도를 주님으로 영접한 모든 이들에게 성령이 오십니다.

행 2:38

베드로가 이르되 너희가 회개하여 각각 예수 그리스도의 이름으로 침

(세)례를 받고 죄 사함을 받으라 그리하면 성령의 선물을 받으리니

행 4:31

빌기를 다하매 모인 곳이 진동하더니 무리가 다 성령이 충만하여 담대히 하나님의 말씀을 전하니라

행 10:44

베드로가 이 말을 할 때에 성령이 말씀 듣는 모든 사람에게 내려오시니

3) 하나님께서 우리에게 성령을 보내주신 이유는 무엇입니까?

요 14:26

보혜사 곧 아버지께서 내 이름으로 보내실 성령 그가 너희에게 모든 것을 가르치고 내가 너희에게 말한 모든 것을 생각나게 하리라

- 우리에게 진리를 가르쳐주시기 위해(Teaching)
- 필요할 때 이미 배웠던 말씀을 다시 생각나게 해 주시기 위해(Reminding)

성령님의 도우심이 없이는 그 어느 누구도 성경의 진리를 제대로 깨달을 수 없습니다. 그리고 진리의 말씀에 따라 올바르게 살 수 없습니다.

1 성령님에 대한 올바른 이해가 왜 중요한가?

〔본론〕

1) 현재 우리가 살고 있는 이 시대가 구약시대와는 달리, 성령이 모든 믿는 자 안에 거하시는 성령시대이기 때문입니다.

2) 우리가 성령을 잘못 이해하게 되면 미신적으로 신앙생활을 하거나(신비주의에 빠짐), 또는 악령을 성령으로 잘못 알고 따를 수도 있기 때문입니다.

2 성령에 대한 잘못된 이해

1) 성령은 어떤 특별한 사람이나 또는 기도를 많이 하는 사람들에게만 하나님께서 특별히 주시는 초자연적인 힘이나 능력이라고 생각하는 것은 잘못된 생각입니다.

   예 돈으로 성령의 능력을 사려고 했던 사마리아 성 사람 시몬(행8:17-21)

   성령은 하나님께서 예수님을 믿는 모든 사람들에게 주시는 자기 자신의 영으로서 인격적인 존재이지, 돈으로 사고 팔 수 있는 비인격적인 힘이나 능력이 아닙니다.

2) 성령은 어떤 때는 우리 안에 계시고, 또 어떤 때는 우리 안에 계시지 않는다고 생각하는 것도 역시 잘못된 생각입니다.

   구약시대 때에는 성령이 인간 속에 항상 내주(內住)하지 않으시고 필요하시면 들어오셨다가 그렇지 않으면 떠나가셨습니다.

   삼상 16:14
   여호와의 영이 사울에게서 떠나고 여호와께서 부리시는 악령이 그를 번뇌하게 한지라

   그러나 신약시대에 이르러 성령은 믿는 자 안에 한 번 들어오시면 다시 떠나가지 않으시고 영원히 우리와 함께 거하십니다.

요 14:16

내가 아버지께 구하겠으니 그가 또 다른 보혜사를 너희에게 주사 영원토록 너희와 함께 있게 하리니

어떤 때는 우리가 성령의 충만함을 느끼지만 또 어떤 때는 그렇지 못한 것처럼 느껴질 때도 있습니다. 그래서 성령이 어떤 때는 우리 안에 계시고, 또 어떤 때는 우리 안에 안 계시다고 생각하지만 실상은 그렇지 않습니다. 성령은 항상 우리와 함께 계십니다(사실과 느낌은 다릅니다).

❸ 성령에 대한 올바른 이해

1) 성령은 어떤 본질을 가지십니까?

① 성령은 본래 삼위일체 하나님 가운데 한 분으로 하나님의 영(靈)이십니다.

요 4:24

하나님은 영이시니 예배하는 자가 영과 진리로 예배할지니라

② 성령은 단순히 어떤 능력이나 신비한 힘을 가진 비인격적인 존재가 아니라 인격적인 존재(The Personal Being)이십니다. 따라서 성령을 비인격적인 능력이나 힘으로 생각하고 기적이나 능력을 행하기 위해서 성령충만을 구하는 것은 잘못된 태도입니다.

2) 성령은 인간에게 어떤 사역을 하십니까?

① 안 믿는 사람들에 대한 성령의 사역

- 성령은 사람들로 하여금 죄와 의, 그리고 다가올 하나님의 심판에 대해서 깨닫게 해 줍니다.

  <u>요 16:8</u>
  그가 와서 죄에 대하여, 의에 대하여, 심판에 대하여 세상을 책망하시리라

  - 죄 → 죄란 무엇인가? 왜 우리가 죄인인가?
  - 의 → 어떻게 죄인인 우리가 하나님 앞에 의로워질 수 있는가?
  - 심판 → 인생의 마지막과 역사의 종말에는 무엇이 있는가?

  따라서 성령의 도우심이 없이는 죄가 무엇이며, 또 우리가 어떻게 해야 의로워질 수 있는지, 그리고 인생의 마지막과 역사의 종말에는 무슨 일이 있는지 알 수가 없습니다. 사람들이 죄책감을 별로 못 느끼거나 나중에 있을 하나님의 심판을 생각하지 않고 막 사는 이유 가운데 하나가 바로 여기에 있습니다.

- 성령은 예수 그리스도가 어떤 분이신지를 증거해 주심으로 말미암아 사람들로 하여금 예수님을 주님으로 믿고 영접할 수 있도록 도와주십니다.

  <u>요 15:26</u>
  내가 아버지께로부터 너희에게 보낼 보혜사 곧 아버지께로부터 나오시는 진리의 성령이 오실 때에 그가 나를 증언하실 것이요

  성령의 도우심이 없이는 예수님이 누구신지 알 수 없을 뿐만 아니라, 전도의 열매도 맺을 수 없습니다.

② 믿는 사람들에 대한 성령의 사역

- 성령은 성경에 기록된 하나님의 말씀을 바로 깨닫게 해 주고, 또 필요할 때 생각나게 해 주십니다(Teaching & Reminding).

  요 14:26
  보혜사 곧 아버지께서 내 이름으로 보내실 성령 그가 너희에게 모든 것을 가르치시고 내가 너희에게 말한 모든 것을 생각나게 하시리라

- 성령은 우리에게 전도할 수 있는 힘과 세상을 이길 수 있는 담대함을 주십니다.

  행 1:8
  오직 성령이 너희에게 임하시면 너희가 권능을 받고 예루살렘과 온 유대와 사마리아와 땅 끝까지 이르러 내 증인이 되리라 하시니라.

  행 4:8-10
  8 이에 베드로가 성령이 충만하여 이르되 백성의 관리들과 장로들아 9 만일 병자에게 행한 착한 일에 대하여 이 사람이 어떻게 구원을 받았느냐고 오늘 우리에게 질문한다면 10 너희와 모든 이스라엘 백성들은 알라 너희가 십자가에 못 박고 하나님이 죽은 자 가운데서 살리신 나사렛 예수 그리스도의 이름으로 이 사람이 건강하게 되어 너희 앞에 섰느니라

  전도는 단순히 인간의 말재주나 지식만 가지고 하는 것이 아닙니다. 전도를 잘 하려면 하나님의 도우심이 필요하고, 또 하나님의 도우심을 받기 위해서는 자신이 먼저 성령으로 충만해야 합니다. 예수님의 제자들도 오순절 성령충만을 체험하고 나서야 비로소 예수 그리스도를 못 박았던 사람들을 향해서 담대하게 예수 그리스도의 주님 되심을 증거할 수 있었습니다.

- 성령은 우리가 열매 맺는 삶(예수님을 닮아가는 삶)을 살 수 있도록 도와주십니다.

  갈 5:22-23

  22 오직 성령의 열매는 사랑과 희락과 화평과 오래 참음과 자비와 양선과 충성과 23 온유와 절제니 이같은 것을 금지할 법이 없느니라

  그리스도인들이 자신의 삶 속에서 맺어야 할 사랑, 희락, 화평 등은 모두 성령께서 맺게 해 주시는 열매입니다.

- 성령은 성도 개개인에게 하나님과 교회를 효과적으로 섬길 수 있도록 각종 은사를 주십니다.

  고전 12:7-8

  7 각 사람에게 성령을 나타내심은 유익하게 하려 하심이라 8 어떤 사람에게는 성령으로 말미암아 지혜의 말씀을, 어떤 사람에게는 같은 성령을 따라 지식의 말씀을,

  롬 12:6-8

  6 우리에게 주신 은혜대로 받은 은사가 각각 다르니 혹 예언이면 믿음의 분수대로, 7 혹 섬기는 일이면 섬기는 일로, 혹 가르치는 자면 가르치는 일로, 8 혹 위로하는 자면 위로하는 일로, 구제하는 자는 성실함으로, 다스리는 자는 부지런함으로, 긍휼을 베푸는 자는 즐거움으로 할 것이니라

  엡 4:11-12

  11 그가 어떤 사람은 사도로, 어떤 사람은 선지자로, 어떤 사람은 복음 전하는 자로, 어떤 사람은 목사와 교사로 삼으셨으니 12 이는 성도를

온전하게 하여 봉사의 일을 하게 하며 그리스도의 몸을 세우려 하심이라

> 롬 12:6-8 / 고전 12:4-11 → 기능적 은사
> 엡 4:11-12 → 직분적 은사

- 성령은 우리가 지치거나 연약해졌을 때 대신 간구해 주십니다.

롬 8:26
이와 같이 성령도 우리의 연약함을 도우시나니 우리는 마땅히 기도할 바를 알지 못하나 오직 성령이 말할 수 없는 탄식으로 우리를 위하여 친히 간구하시느니라

우리가 신앙생활을 하다 보면 때론 지치고 낙심할 때가 있습니다. 이럴 때 성령은 친히 우리를 위로해 주실 뿐만 아니라 또 우리를 위해 대신 간구해 주십니다.

- 성령은 교회가 평안하도록 지켜주시고 또 부흥할 수 있도록 도와 주십니다.

행 9:31
그리하여 온 유대와 갈릴리와 사마리아 교회가 평안하여 든든히 서 가고 주를 경외함과 성령의 위로로 진행하여 수가 더 많아지니라

어떤 교회도 완전하지 않습니다. 그 이유는 교회를 세우신 하나님이 완전하지 않으시기 때문이 아니라, 교회를 구성하고 있는 우리들이 완전하지 않기 때문입니다. 그럼에도 불구하고 교회가 평온을 유지하면서 성장할 수 있는 것은 성령님의 도우심과 역사하심 때문입니다.

- 성령은 성도들의 삶을 인도해 주십니다.

롬 8:14

무릇 하나님의 영으로 인도함을 받는 사람은 곧 하나님의 아들이라

    우리는 어디가 하나님이 원하시는 길인지 잘 모릅니다. 하지만 하나님은 그 길을 아시고 또 그 길로 우리를 인도하십니다. 우리의 삶의 여정은 우리의 힘과 지혜로 헤쳐온 길이 아닙니다. 성령님께서 우리의 삶을 인도해 주셨습니다. 그로 인해 우리가 오늘 이 자리까지 올 수 있었습니다. 성령께서는 우리가 기도할 때 우리를 최선의 길로 인도하십니다. 따라서 성령님의 인도하심을 받기 위해 말씀 묵상과 기도를 게을리 해선 안 됩니다.

- 성령은 우리를 인쳐 주셔서 우리가 하나님의 자녀임을 보증해주십니다.

엡 1:13

그 안에서 너희도 진리의 말씀 곧 너희의 구원의 복음을 듣고 그 안에서 또한 믿어 약속의 성령으로 인치심을 받았으니

롬 8:16

성령이 친히 우리의 영과 더불어 우리가 하나님의 자녀인 것을 증언하시나니

    우리가 '거듭난 하나님의 자녀'임을 인정 받고 천국에 들어가려면 성령님의 보증과 인정하심이 필요합니다.
    우리 안에 계신 성령은 역사의 마지막 날, 하나님의 심판대 앞에서 우리가 거듭난 하나님의 자녀인 것을 보증해 주실 것입니다. 우리의 구원이 안전하고도 확실한 것은 바로 이러한 이유 때문입니다.

성령은 진리의 영이십니다

그분은 우리로 하여금 진리를 올바로 깨닫게 해 주십니다. 또한 신앙생활을 능력있게 하기 위해 보내주신 하나님 자신의 영이시며 진리의 영이십니다. 따라서 우리는 성령 충만한 가운데 그분의 인도하심에 따라 신앙생활을 할 수 있도록 간구해야 합니다.

적용·숙제

❶ 요 14:16-17, 25-26을 암송하십시오.

❷ 성령님은 어떤 분이신지 자신의 말로 간략하게 설명해 보십시오.

❸ 성령 충만을 위해서 기도하시고, 오늘 배운 내용들을 이번 주 안에 최소한 한 명 이상 다른 사람과 나누십시오.

PART 2

기도
교회
청지기

신앙의 기본

기도

[마 6:9-13]

9 하늘에 계신 우리 아버지여 이름이 거룩히 여김을 받으시오며
10 나라가 임하시오며 뜻이 하늘에서 이룬 것같이 땅에서도 이루어지이다
11 오늘 우리에게 일용할 양식을 주시옵고
12 우리가 우리에게 죄 지은 자를 사하여 준 것같이 우리 죄를 사하여 주시옵고
13 우리를 시험에 들게 하지 마시옵고 다만 악에서 구하시옵소서 나라와 권세와 영광이 아버지께 영원히 있사옵나이다 아멘

기도는 성경읽기와 더불어 그리스도인의 삶 속에서 가장 중요한 삶의 일부분입니다. 기도 없이는 그리스도인의 삶을 제대로 살 수 없습니다.

- 우리는 기도를 통해서 예수 그리스도를 우리 마음속에 구주와 주님으로 영접했습니다.
- 우리는 기도를 통해서 영적으로 성장할 수 있을 뿐만 아니라, 죄의 유혹을 물리치고 자신의 연약함을 극복하며 승리하는 삶을 살 수 있습니다.
- 기도를 통해서 우리는 하나님의 지혜를 얻고, 또 앞날의 인도하심을 받을 수 있습니다.

그렇다면 기도란 도대체 무엇입니까? 또 기도는 어떻게 하는 것입니까?

1 기도란 무엇인가?

기도는 하나님과의 교제, 대화입니다.

2 왜 우리는 기도해야 하는가?

1) 예수님(하나님)을 비롯해서 성경 곳곳에서 사도들이 우리에게 기도하라고 가르치기 때문입니다.

마 5:44

나는 너희에게 이르노니 너희 원수를 사랑하며 너희를 박해하는 자를 위하여 기도하라

마 6:9

그러므로 너희는 이렇게 기도하라 하늘에 계신 우리 아버지여 이름이 거룩히 여김을 받으시오며

살전 5:17

쉬지 말고 기도하라

벧전 4:7

만물의 마지막이 가까이 왔으니 그러므로 너희는 정신을 차리고 근신하여 기도하라

2) 하나님과 친밀한 관계를 유지하기 위해서입니다.

아무리 가까운 관계라고 할지라도 서로 간에 대화가 끊어지면 관계가 멀어질 수밖에 없습니다. 이와 마찬가지로, 하나님과의 대화인 기도를 하지 않으면 우리와 하나님과의 관계도 점점 멀어집니다. 따라서 우리는 하나님과의 친밀한 관계를 유지하기 위해 반드시 기도해야 합니다.

3) 매일 매일의 삶 속에서 우리는 하나님의 도우심이 필요하기 때문입니다.

시 34:6

이 곤고한 자가 부르짖으매 여호와께서 들으시고 그 모든 환난에서 구원하셨도다

우리의 삶 속에는 우리 힘으로 해결할 수 있는 일보다 해결할 수 없는 일들이 훨씬 더 많습니다. 그렇기 때문에 우리는 매일의 삶 속에서 하나님의 도우심이 필요하고, 또 하나님의 도우심을 받기 위해서는 기도해야 합니다.

4) 죄의 유혹과 시험에 빠지지 않기 위해서입니다.

막 14:38
시험에 들지 않게 깨어 있어 기도하라 마음에는 원이로되 육신이 약하도다 하시고

우리의 삶 속에는 날마다 죄의 유혹이 찾아옵니다. 이러한 죄의 유혹을 인간의 의지나 결심만 가지고 물리치는 것은 불가능합니다(예: 베드로는 다른 사람들은 예수님을 버려도 자기는 주님을 버리지 않겠다고 장담했으나 얼마 안 가서 예수님을 버리고 도망을 갔다〈마26:33 ↔ 26:56〉).

그렇기 때문에 이러한 죄의 유혹에 빠지지 않기 위해 매 순간 하나님의 절대적 도우심을 구하며 기도해야 합니다.

❸ 기도하는 이들에게 주신 하나님의 약속

1) 너희 기도에 대해 내가 응답해 주겠다.

렘 33:3
너는 내게 부르짖으라 내가 네게 응답하겠고 네가 알지 못하는 크고 은밀한 일을 네게 보이리라

마 7:7-8
7 구하라 그리하면 너희에게 주실 것이요 찾으라 그리하면 찾아낼 것이요 문을 두드리라 그리하면 너희에게 열릴 것이니 8 구하는 이마다 받을 것이요 찾는 이는 찾아낼 것이요 두드리는 이에게는 열릴 것이니라

요 14:14
내 이름으로 무엇이든지 내게 구하면 내가 행하리라

2) 너희 마음에 기쁨이 충만하게 될 것이다.

<u>요 16:24</u>
지금까지는 너희가 내 이름으로 아무 것도 구하지 아니하였으나 구하라 그리하면 받으리니 너희 기쁨이 충만하리라

기도 응답을 받아본 경험이 있는 자들만이 느낄 수 있는 기쁨입니다.

④ 우리의 기도에 대한 하나님의 응답의 유형

① Yes(우리가 구한대로 허락해 주심)
  ↳ 여리고의 소경 거지(막 10:51-52)
② No(거절하심)
  ↳ 육체의 가시를 제거해 달라고 하는 사도바울의 기도(고후 12:9)
③ Wait(기다렸다가 응답해 주심)
  ↳ 자녀를 낳게 해 달라고 하는 이삭의 기도(창 25:20-21, 26)
④ Ignore(하나님께서 아예 우리의 기도를 듣지 아니하심)
  ↳ 사울왕의 경우(삼상 28:15)

하나님이 우리의 기도에 대해 거절하시거나 더디 응답하실 때는 그만한 이유가 있습니다. 따라서, 이 네 가지 종류의 응답 가운데서 ④를 제외한 나머지 3종류의 응답은 모두가 다 하나님의 최선의 응답입니다.

5 우리의 기도에 포함되어야 할 요소들

① 이미 받은 축복이나 기도 응답에 대한 감사 (요 11:41)
② 죄의 고백과 회개 (사 1:15, 59:1-2 / 요일 1:9)
③ 자기의 필요(기도 제목)를 위한 간구 (마 7:7-9)
④ 교회의 지도자/동역자, 가족, 친구, 전도 대상, 지역사회/민족 복음화, 국가 지도자들을 위한 중보기도

6 우리는 어떻게 기도해야 하는가?

1) 예수님의 이름으로 기도해야 합니다.

   요 14:13-14
   13 너희가 내 이름으로 무엇을 구하든지 내가 행하리니 이는 아버지로 하여금 아들로 말미암아 영광을 받으시게 하려 함이라 14 내 이름으로 무엇이든지 내게 구하면 내가 행하리라

2) 겸손한 태도로 기도해야 합니다.

   눅 18:13-14
   13 세리는 멀리 서서 감히 눈을 들어 하늘을 쳐다보지도 못하고 다만 가슴을 치며 이르되 하나님이여 불쌍히 여기소서 나는 죄인이로소이다 하였느니라 14 내가 너희에게 이르노니 이에 저 바리새인이 아니고 이 사람이 의롭다 하심을 받고 그의 집으로 내려갔느니라 무릇 자기를 높이는 자는 낮아지고 자기를 낮추는 자는 높아지리라 하시니라

약 4:6

그러나 더욱 큰 은혜를 주시나니 그러므로 일렀으되 하나님이 교만한 자를 물리치시고 겸손한 자에게 은혜를 주신다 하였느니라

하나님은 '자기 의'로 가득 찬 교만한 자의 기도는 듣지 않으십니다. 따라서 기도를 할 때에는 겸손한 태도로 해야 합니다.

3) "하나님께서 반드시 우리의 기도에 응답하실 것"이라는 믿음을 가지고 기도해야 합니다.

약 1:5-7

5 너희 중에 누구든지 지혜가 부족하거든 모든 사람에게 후히 주시고 꾸짖지 아니하시는 하나님께 구하라 그리하면 주시리라 6 오직 믿음으로 구하고 조금도 의심하지 말라 의심하는 자는 마치 바람에 밀려 요동하는 바다 물결 같으니 7 이런 사람은 무엇이든지 주께 얻기를 생각하지 말라

① 병든 하인을 낫게 해 달라고 요청했던 백부장의 경우(마 8:5-13)
② 12년 동안 혈루병을 앓다가 고침 받은 여인의 경우(막 5:25-29, 34)

4) 내용이 구체적이면서도 간단명료하게 기도해야 합니다.

마 6:7

또 기도할 때에 이방인과 같이 중언부언하지 말라 그들은 말을 많이 하여야 들으실 줄 생각하느니라

막 10:51

예수께서 말씀하여 이르시되 네게 무엇을 하여 주기를 원하느냐 맹인

이 이르되 선생님이여 보기를 원하나이다

기도는 꼭 길게, 오랫동안 해야만 하나님이 들으시는 것이 아닙니다. 기도가 짧아도 내용이 분명하면 하나님이 응답해 주십니다.

5) 때로 하나님의 응답이 더딜지라도 인내를 가지고 기도해야 합니다.

눅 18:1-2
1 예수께서 그들에게 항상 기도하고 낙심하지 말아야 할 것을 비유로 말씀하여 2 이르시되 어떤 도시에 하나님을 두려워하지 않고 사람을 무시하는 한 재판장이 있는데

어떤 경우에는 하나님이 신속하게 우리의 기도에 응답하시지만 또 어떤 경우에는 우리의 생각보다 더디게 응답하실 때도 있습니다.

① 자녀를 낳게 해 달라고 하는 이삭의 기도 (창 25:20-21, 26)
② 병든 오빠를 살려달라고 했던 마르다와 마리아의 기도 (요 11:1-44)

7 기도의 모델: 주기도문 (마 6:9-13)

1) 내용

① 전반부: 하나님의 영광과 나라, 뜻을 위한 기도
   - 하나님의 이름 (명예/영광)
   - 하나님의 나라와 뜻

② 후반부: 우리의 필요를 위한 기도
- 일용할 양식
- 죄 용서함
- 시험과 악으로부터의 보호

2) 주기도문의 특징

① 내용이 간단하고 명료하다.
② 내용이 구체적이고 실제적이다.
③ 자신의 필요만 위해서가 아니라, 하나님과 이웃의 필요를 위해서도 기도하고 있다.

8 기도 응답의 장애물

1) 회개하지 않은 죄

시 66:18
내가 나의 마음에 죄악을 품었더라면 주께서 듣지 아니하시리라

따라서, 기도하기 전에 생각나는 죄가 있으면 먼저 회개하고 기도를 해야 합니다.

2) 잘못된 동기로 구하는 것 - 예: 욕심/시기심/정욕으로 구하는 것

약 4:2-3
2 너희는 욕심을 내어도 얻지 못하여 살인하며 시기하여도 능히 취하

지 못하므로 다투고 싸우는도다 너희가 얻지 못함은 구하지 아니하기 때문이요 3 구하여도 받지 못함은 정욕으로 쓰려고 잘못 구하기 때문이라

잘못된 동기를 가지고 구하는 것은 차라리 하나님께서 거절(No)하시는 것이 우리를 위해서는 최선의 응답입니다.

3) 의심하는 태도

약 1:6-7
6 오직 믿음으로 구하고 조금도 의심하지 말라 의심하는 자는 마치 바람에 밀려 요동하는 바다 물결 같으니 7 이런 사람은 무엇이든지 주께 얻기를 생각하지 말라

성경에 '의심하는 태도'를 가지고 예수님께 나와서 자기 문제를 해결 받은 사람의 예는 단 한 번도 없습니다.

4) 다른 사람(가족/다른 성도들)과의 불화

벧전 3:7
남편들아 이와 같이 지식을 따라 너희 아내와 동거하고 그를 더 연약한 그릇이요 또 생명의 은혜를 함께 이어받을 자로 알아 귀히 여기라 이는 너희 기도가 막히지 아니하게 하려 함이라

단순히 기도뿐만 아니라 우리가 드리는 예배도 다른 사람과 불화한 상태에서 드리면 하나님이 받지 않으신다고 예수님은 말씀하셨습니다(마 5:22-24). 따라서, 기도의 응답을 받으려면 먼저 다른 사람과 화해하고 나서

그 다음에 기도를 드려야 합니다.

결론

기도에 대해서 공부하는 것은 대단히 중요합니다. 그러나 더 중요한 것은 실제로 기도하는 것입니다. 자신의 기도계획을 세우십시오. 만일 기도해야 할 내용이 많다면 요일별로 나누어서 해도 괜찮습니다. 그리고 그 계획대로 기도하십시오.

요일	기도 제목
월	
화	
수	
목	
금	
토	
일	

 **적용·숙제**

❶ 마 6:9-13을 암송하십시오.

❷ 기도계획을 세우고 기도제목 등을 정리한 다음, 당신이 만든 기도계획과 일정에 따라 기도하십시오.

교회

[행2:38-47 / 마16:15-18]

38 베드로가 이르되 너희가 회개하여 각각 예수 그리스도의 이름으로 침(세)례를 받고 죄 사함을 받으라 그리하면 성령의 선물을 받으리니

39 이 약속은 너희와 너희 자녀와 모든 먼 데 사람 곧 주 우리 하나님이 얼마든지 부르시는 자들에게 하신 것이라 하고

40 또 여러 말로 확증하며 권하여 이르되 너희가 이 패역한 세대에서 구원을 받으라 하니

41 그 말을 받은 사람들은 침(세)례를 받으매 이 날에 신도의 수가 삼천이나 더하더라

42 그들이 사도의 가르침을 받아 서로 교제하고 떡을 떼며 오로지 기도하기를 힘쓰니라

43 사람마다 두려워하는데 사도들로 말미암아 기사와 표적이 많이 나타나니

44 믿는 사람이 다 함께 있어 모든 물건을 서로 통용하고

45 또 재산과 소유를 팔아 각 사람의 필요를 따라 나눠 주며

46 날마다 마음을 같이하여 성전에 모이기를 힘쓰고 집에서 떡을 떼며 기쁨과 순전한 마음으로 음식을 먹고

47 하나님을 찬미하며 또 온 백성에게 칭송을 받으니 주께서 구원 받는 사람을 날마다 더하게 하시니라

교회는 가정과 더불어 하나님이 친히 창설하신 신성한 기관(divine institute)입니다.

- **가정** : 인간의 행복과 "생육하고 번성하라"(종족번식)는 하나님의 명령을 이루기 위해서 만들어진 기관
- **교회** : 인간의 구원과 "땅 끝까지 가서 복음을 전하라"는 선교적인 목적의 달성을 위해 만들어진 기관

사도행전 2:36-47은 최초의 신약교회인 예루살렘 교회에 관한 이야기입니다. 먼저 본문을 읽고 다음 질문에 답해 보십시오.

1) 예루살렘 교회는 어떤 사람들로 구성되어 있었습니까?(2:36-41)
   ① 예수님의 제자(사도)들
   ② 베드로의 설교를 듣고, 회개하고, 예수님을 마음속에 주님으로 영접하고 침(세)례 받은 성도들

2) 예수님을 믿고 침(세)례를 받은 성도들은 곧바로 무엇을 했습니까?(2:42-47)
   ① 사도의 가르침을 받음 → 성경공부를 함
   ② 서로 교제함 → 성도의 교제를 나눔
   ③ 떡을 뗌 → 성찬식을 행함
   ④ 기도하기를 힘씀 → 열심히 기도하는 생활을 함
   ⑤ 모든 물건을 서로 통용함 → 가족과 같은 공동체 생활을 함
   ⑥ 재산과 소유를 팔아 필요한 사람에게 나누어 줌 → 구제하는 생활
   ⑦ 날마다 성전에 모이기를 힘씀 → 날마다 하나님을 예배하는 생활
   ⑧ 하나님을 찬미함 → 하나님을 찬양하는 생활

본론

1 교회란 어떤 곳인가?

1) 교회는 예수 그리스도를 주님으로 영접하고 침(세)례 받은 성도들로 구성된 신앙공동체입니다.

　　교회는 어떤 정치적 이념이나 사상, 사교적 목적으로 모이는 공동체가 아닙니다. 예수 그리스도를 주님으로 영접한 '성도'로 구성된 신앙공동체입니다. 따라서, 참된 예수 그리스도의 교회는 정부와 교회가 서로 간섭하거나 간섭을 받지 않는 '정교분리'를 원칙으로 합니다.

2) 교회는 예수 그리스도의 몸이며, 예수님은 교회의 머리입니다.

엡 1:23
교회는 그(예수 그리스도)의 몸이니 만물 안에서 만물을 충만하게 하시는 이의 충만함이니라

골 1:18
그(예수 그리스도)는 몸인 교회의 머리시라 그가 근본이시요 죽은 자들 가운데서 먼저 나신 이시니 이는 친히 만물의 으뜸이 되려 하심이요

　　교회는 어떤 특정 지역에 모여 사는 '지역 교회'(local church)와 이 지구상에 존재하는 모든 교회를 지칭하는 '우주적 교회'(universal church)가 있습니다.

　　지역 교회이던, 우주적 교회이던 이 지구상에 존재하는 모든 교회의 머리는 사람이 아니라 예수 그리스도(하나님)이십니다. 따라서, 사람이나 혹은 어떤 특정 단체(집단)가 교회의 머리 역할을 하려고 하는 것은 크게 잘못된 것입니다.

　　교회는 머리가 되신 예수 그리스도의 뜻에 따라 움직이는 '예수 그리스

도의 몸'이며 신앙공동체라는 사실을 잊지 말아야 합니다.

2 교회의 창시자는 누구인가?

마 16:18

또 내가 네게 이르노니 너는 베드로라 내가 이 반석 위에 내 교회를 세우리니 음부의 권세가 이기지 못하리라

교회의 창시자는 사람이 아니라 예수님(하나님)입니다. 사람은 단지 예수님(하나님)에 의해 쓰임 받은 일꾼(종)일 뿐입니다.

3 예수님은 무엇 위에다 자신의 교회를 세우시겠다고 말씀하셨는가?(교회의 기초)

마 16:15-18

15 이르시되 너희는 나를 누구라 하느냐 16 시몬 베드로가 대답하여 이르되 주는 그리스도시요 살아 계신 하나님의 아들이시니이다 17 예수께서 대답하여 이르시되 바요나 시몬아 네가 복이 있도다 이를 네게 알게 한 이는 혈육이 아니요 하늘에 계신 내 아버지시니라 18 또 내가 네게 이르노니 너는 베드로라 내가 이 반석 위에 내 교회를 세우리니 음부의 권세가 이기지 못하리라

마태복음 16:18에서 예수님이 말씀하신 '반석'은 베드로를 가리키는 말이 아니라 16:16에서 베드로가 한 "주는 그리스도시요 살아계신 하나님의 아들"이라고 말한 신앙고백(confession)을 가리킵니다. 따라서, "내가 이 반

석 위에 내 교회를 세우겠다"고 하는 말씀은 베드로가 예수님께 드린 신앙고백 위에 자신의 교회를 세우시겠다는 의미입니다.

- 베드로의 신앙고백과 설교 속에 나타난 예수 그리스도

1) 그리스도이십니다.
   ① 왕 → 우리의 삶을 주관하고 다스리시는 분
   ② 선지자 → 하나님 말씀을 우리에게 전하고 가르치는 분
   ③ 제사장 → 하나님과 인간 사이의 유일한 중보자

2) 살아계신 하나님의 아들이십니다.
   ① 본질에 있어서 우리와 같은 인간이 아니라 하나님과 동등하신 분이십니다.
   ② 육신을 입고 이 땅에 오신 하나님이십니다.

3) 하나님께서 인류를 구원하시기 위해 보내신 유일한 구원자이십니다.

   행 4:12
   다른 이로써는 구원을 받을 수 없나니 천하 사람 중에 구원을 받을 만한 다른 이름을 우리에게 주신 일이 없음이라 하였더라

   요 14:6
   예수께서 이르시되 내가 곧 길이요 진리요 생명이니 나로 말미암지 않고는 아버지께로 올 자가 없느니라

   교회는 바로 이러한 세 가지 신앙고백 위에 세워집니다.

4 교회의 기본사역(행 2:42-47)

① 예배 : 찬양, 말씀선포(설교), 기도, 봉헌(헌금)

② 성경공부/제자훈련

③ 성도의 교제

④ 구제, 봉사

⑤ 침례식, 성찬식

5 교회의 사명

1) 선교적 사명

마 28:19-20

19 그러므로 너희는 가서 모든 민족을 제자로 삼아 아버지와 아들과 성령의 이름으로 침(세)례를 베풀고 20 내가 너희에게 분부한 모든 것을 가르쳐 지키게 하라

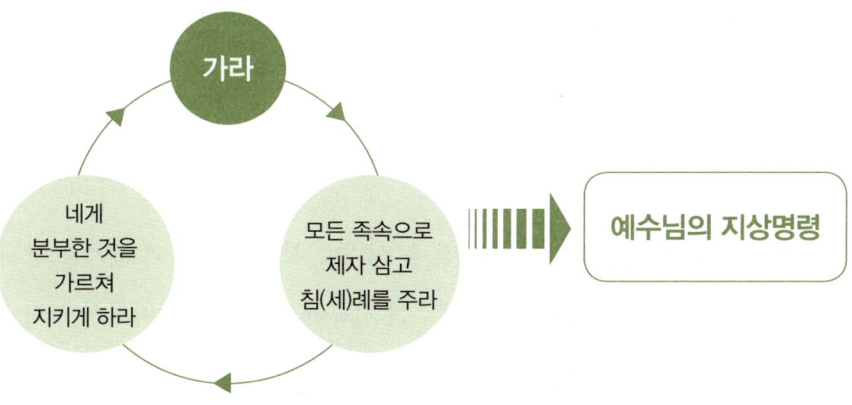

행 1:8

오직 성령이 너희에게 임하시면 너희가 권능을 받고 예루살렘과 온 유대와 사마리아와 땅 끝까지 이르러 내 증인이 되리라 하시니라

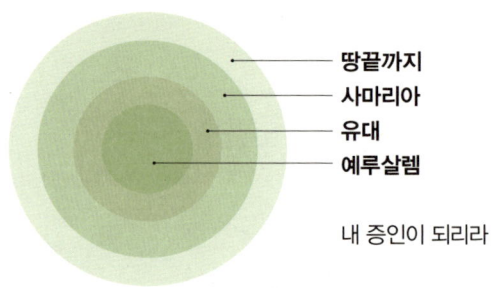

내 증인이 되리라

2) 사회적 사명

마 5:13-14

13 너희는 세상의 소금이니 소금이 만일 그 맛을 잃으면 무엇으로 짜게 하리요 후에는 아무 쓸 데 없어 다만 밖에 버려져 사람에게 밟힐 뿐이니라 14 너희는 세상의 빛이라 산 위에 있는 동네가 숨겨지지 못할 것이요

마 19:21

예수께서 이르시되 네가 온전하고자 할진대 가서 네 소유를 팔아 가난한 자들에게 주라 그리하면 하늘에서 보화가 네게 있으리라 그리고 와서 나를 따르라 하시니

① 세상의 소금이 되는 것 ② 세상의 빛이 되는 것
③ 구제/사회봉사를 하는 것

결론

교회는 하나님을 예배하고, 사람들을 섬기며, 복음을 이웃과 세계를 향해 전하게 하기 위해 하나님께서 친히 세우신 거룩한 기관입니다. 따라서 교회에 속한 성도들은 단순히 하나님을 예배하고 성도 간에 교제를 나누는 일에 만족하지 말고, 한 걸음 더 나아가서 이웃과 세상을 섬기며, 또 아직 복음을 들어보지 못한 사람들이나 믿지 않는 사람들을 향해서 담대하게 복음을 전할 수 있어야 합니다.

여기서 당신에게 묻고 싶은 질문이 있습니다

- 당신은 믿지 않는 이웃들에게 복음을 전하고 계십니까?
- 당신이 속한 교회는 세상과 이웃을 향해 선교적 사명과 빛과 소금으로서의 사회적 사명을 감당하기 위해 힘쓰고 있습니까?

만일에 이 두 가지 질문에 대해서 '그렇게 하지 못하고 있다'라고 답변하셨다면 더 늦기 전에 여러분의 삶을 바꾸십시오. 그리고 여러분의 교회가 이 땅에서 선교적인 사명과 사회적인 사명을 잘 감당(수행)하는 교회가 될 수 있도록 기도하시고, 또 바꾸십시오.

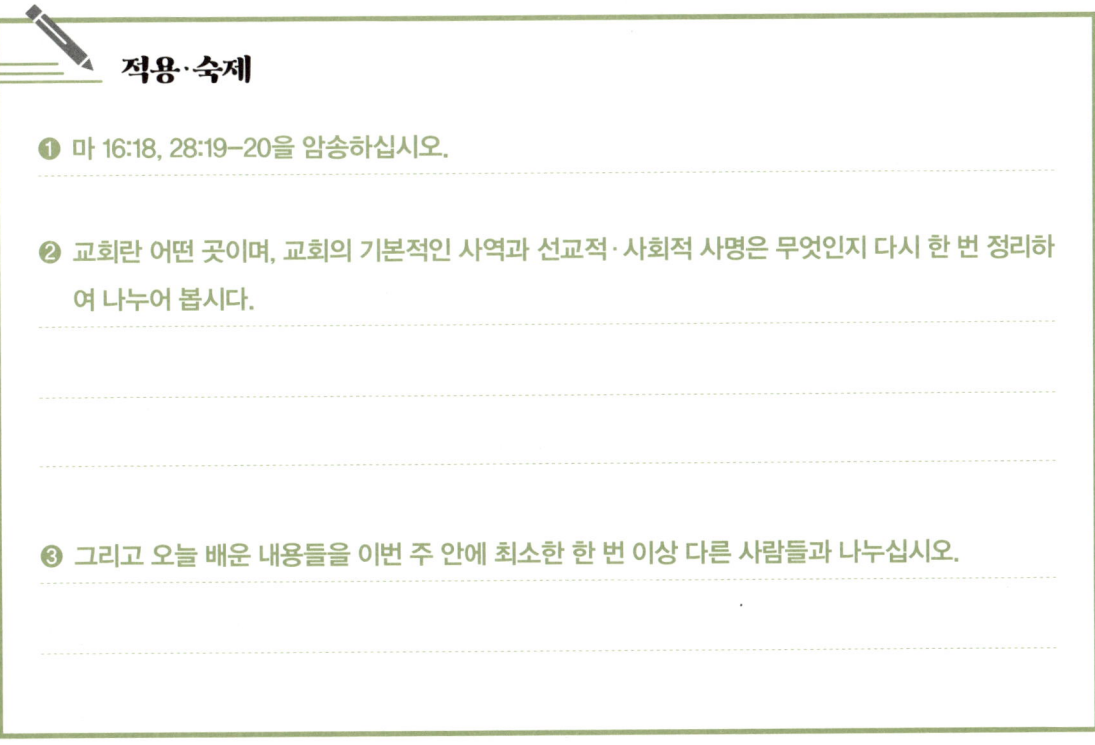

적용·숙제

❶ 마 16:18, 28:19-20을 암송하십시오.

❷ 교회란 어떤 곳이며, 교회의 기본적인 사역과 선교적·사회적 사명은 무엇인지 다시 한 번 정리하여 나누어 봅시다.

❸ 그리고 오늘 배운 내용들을 이번 주 안에 최소한 한 번 이상 다른 사람들과 나누십시오.

청지기

[마 25:14-30]

14 또 어떤 사람이 타국에 갈 때 그 종들을 불러 자기 소유를 맡김과 같으니
15 각각 그 재능대로 한 사람에게는 금 다섯 달란트를, 한 사람에게는 두 달란트를, 한 사람에게는 한 달란트를 주고 떠났더니
19 오랜 후에 그 종들의 주인이 돌아와 그들과 결산할새
21 그 주인이 이르되 잘하였도다 착하고 충성된 종아 네가 적은 일에 충성하였으매 내가 많은 것을 네게 맡기리니 네 주인의 즐거움에 참여할지어다 하고
30 이 무익한 종을 바깥 어두운 데로 내쫓으라 거기서 슬피 울며 이를 갈리라 하니라

마태복음 25:14-30은 '달란트 비유'로 잘 알려진 말씀입니다.

1 이 비유에서 누가, 어디를 가면서, 무엇을 하고 떠났습니까?

① 누가? → 어떤 사람이

② 어디를 가면서? → 먼 타국에 가면서

③ 무엇을 하고 떠났습니까?
　↳ 자기 종들에게 자기의 소유를 맡기고 떠남
　(각자의 능력에 따라 1/2/5 달란트를 맡김 → 차별해서 준 것이 아님)

2 여기서 '어떤 주인', '종'들은 각각 누구를 말합니까?

① 어떤 주인 → 하나님

② 종들은 각각 누구를 말합니까? → 인간(우리)

3 이 종들은 주인으로부터 받은 달란트를 가지고 각각 어떻게 했습니까?

① 2달란트, 5달란트를 받은 종들은 각각 자기가 받은 달란트를 가지고 장사를 해서 배를 남김(자기에게 달란트를 맡긴 주인의 뜻에 맞게 삶)

② 한 달란트 받은 종은 자기가 받은 달란트를 가지고 아무 일도 안하고 그냥 땅속에 묻어 둠(자기에게 달란트를 맡겨준 주인의 뜻을 무시하고 자기 마음대로 삶)

④ 그 후에 먼 타국으로부터 돌아온 주인은 어떻게 했습니까?

① 각각 종들을 불러서 결산함
② 장사를 해서 이익을 남긴 자들에게는 칭찬과 상을 주고, 자기가 받은 달란트를 땅에 묻어두고 아무 일도 하지 않은 자는 엄히 책망하고 내쫓음

⑤ 예수님의 달란트 비유는 우리에게 무엇을 가르쳐 주기 위한 비유입니까?

① 우리가 가지고 있는 모든 것(시간, 재능, 재물)의 주인은 내가 아닌 하나님이다. 우리는 하나님의 청지기일 뿐이다.
② 인생의 마지막에는 하나님의 결산(심판)이 있다.
　↘ 우리가 인생을 함부로 살지 말아야 할 이유 가운데 하나가 여기에 있습니다.

본론

① 청지기란 어떤 사람인가?

주인을 대신해서 주인의 재산을 관리하는 사람

> **창 39:1, 4**
> 1 요셉이 이끌려 애굽에 내려가매 바로의 신하 친위대장 애굽 사람 보디발이 그를 그리로 데려간 이스마엘 사람의 손에서 요셉을 사니라
> 4 요셉이 그의 주인에게 은혜를 입어 섬기매 그가 요셉을 가정 총무로 삼고 자기의 소유를 다 그의 손에 위탁하니

청지기의 대표적인 예 → 보디발의 가정총무였던 요셉(창 39:1-4)

2 인간이 '하나님의 청지기'인 성경적 근거

① 세상만물은 본래 하나님에 의해서 창조된 것이다.

창 1:1
태초에 하나님이 천지를 창조하시니라

히 11:3
믿음으로 모든 세계가 하나님의 말씀으로 지어진 줄을 우리가 아나니 보이는 것은 나타난 것으로 말미암아 된 것이 아니니라

따라서 만물의 주인은 인간이 아니라 하나님이십니다.

② 하나님이 인간을 창조하신 이유 가운데 하나는 이 세상 만물을 관리하고 다스리게 하기 위함이었다.

창 1:26
하나님이 이르시되 우리의 형상을 따라 우리의 모양대로 우리가 사람을 만들고 그들로 바다의 물고기와 하늘의 새와 가축과 온 땅과 땅에 기는 모든 것을 다스리게 하자 하시고

그래서 '청지기'란 용어는 종종 하나님과 인간과의 관계를 설명하는 말로도 쓰였습니다(인간은 하나님의 청지기).

③ 우리는 이 땅에 빈손으로 태어났으며, 또 갈 때에도 역시 빈손으로 떠난다.

전 5:15
그가 모태에서 벌거벗고 나왔은즉 그가 나온 대로 돌아가고 수고하여

얻은 것을 아무것도 자기 손에 가지고 가지 못하리니

우리는 죽을 때 아무 것도 가지고 가지 못합니다. 나온 그대로 돌아갈 뿐입니다. 이것은 내가 소유하고 있던 것들이 실상은 내 것이 아니었음을 보여줍니다.

③ 청지기의 영역

우리는 무엇에 대한 하나님의 청지기인가?

① 우리의 생명과 시간에 대한 하나님의 청지기입니다.

우리에게 생명을 주시고 일정 기간 동안 이 땅에서 살게 하신 이는 하나님이십니다. 따라서 우리의 생명과 시간에 대해서 우리는 하나님의 청지기입니다.

② 우리가 가지고 있는 모든 소유물에 대한 하나님의 청지기입니다.

우리는 이 땅에 태어날 때 빈손으로 왔습니다. 우리가 지금 현재 가지고 있는 것은 모두가 다 태어난 이후 하나님께서 주신 것입니다. 따라서, 우리가 소유하고 있다고 여기는 모든 것들의 참 주인은 하나님이십니다. 우리는 그의 청지기일 뿐입니다.

③ 우리가 가지고 있는 모든 재능에 대한 하나님의 청지기입니다.

약 1:17

온갖 좋은 은사와 온전한 선물이 다 위로부터 빛들의 아버지께로부터 내려오나니 그는 변함도 없으시고 회전하는 그림자도 없으시니라

고전 12:4-5, 11

4 은사는 여러 가지나 성령은 같고 5 직분은 여러 가지나 주는 같으며 11 이 모든 일은 같은 한 성령이 행하사 그의 뜻대로 각 사람에게 나누어 주시는 것이니라

우리가 가지고 있는 모든 은사, 재능도 다 하나님이신 성령님께서 주신 것입니다. 따라서 우리는 각자에게 주신 모든 은사와 재능에 대한 하나님의 청지기입니다.

④ 그 동안 듣고 배운 복음, 그리고 깨달은 모든 성경 지식에 대한 하나님의 청지기입니다.

하나님이 우리에게 먼저 복음을 깨닫게 하시고 구원받게 하신 것은 단순히 우리 자신만의 구원을 위한 것이 아닙니다. 한 걸음 더 나아가서 먼저 복음을 듣고 구원받은 우리가 또 다른 사람들에게 복음을 흘려 보냄을 통해 그들까지도 구원 받고 주님의 제자로 세우기 위함입니다. 예수님의 지상 대위임령으로 불리는 아래의 성경구절은 이 사실을 명확하게 말해줍니다.

마 28:19-20

19 그러므로 너희는 가서 모든 민족을 제자로 삼아 아버지와 아들과 성령의 이름으로 침(세)례를 베풀고 20 내가 너희에게 분부한 모든 것을 가르쳐 지키게 하라 볼지어다 내가 세상 끝날까지 너희와 항상 함께 있으리라 하시니라

그렇기 때문에 내가 깨달은 복음, 그 동안 배웠던 성경지식에 대해서도 우리는 하나님의 청지기임을 잊지 말아야 합니다.

4 인간이 하나님의 청지기라고 하는 사실은 우리에게 어떤 깨달음을 주는가?

인간이 '하나님의 청지기'인 사실은 우리 인생의 마지막에는 '우리가 어떻게 살아왔는가'에 대한 하나님의 결산(심판)이 있음을 의미입니다.

마태복음 25장에 나오는 달란트 비유가 우리에게 말해주는 가장 중요한 교훈도 바로 이것입니다. 어떤 이들은 '죽음이 인생의 끝'이라고 생각합니다. 그러나 성경은 "죽음 이후에는 하나님의 심판이 있다"고 분명히 말합니다.

히 9:27
한 번 죽는 것은 사람에게 정해진 것이요 그 후에는 심판이 있으리니

여기서 말하는 '심판'은 우리가 살아온 인생에 대한 하나님의 결산입니다. 따라서, 우리에게 주어진 시간과 재물, 은사 등을 헛된 곳에 낭비하지 않도록 주의해야 합니다. 마태복음 25장에 나오는 한 달란트 받은 종과 누가복음 16:1-8에 나오는 불의한 청지기의 공통점은 저들 모두가 다 주인의 뜻과 상관없이 자기들에게 맡겨진 시간과 재물을 낭비했다는 데에 있습니다.

5 인간이 하나님의 청지기라면 우리는 어떻게 살아야 하는가?

① 결산의 날, 하나님 앞에서 부끄러움을 당하지 않으려면 지혜 있고 진실한 청지기로 살아야 합니다.

눅 12:42

주께서 이르시되 지혜 있고 진실한 청지기가 되어 주인에게 그 집 종들을 맡아 때를 따라 양식을 나누어 줄 자가 누구냐

지혜 있고 진실한 청지기는 자기에게 맡겨진 시간과 재물, 그리고 재능 등을 하나님의 뜻에 맞게 잘 사용하는 사람입니다.

② 지혜 있고 진실한 청지기가 되기 위해서는 무엇을 해야 할까요?

- 우리의 시간이나 재물, 재능 등을 쾌락을 즐긴다거나, 세상의 헛된 명예, 혹은 영광 등을 추구하는데 사용하지 말아야 합니다.
- 하나님의 영광과 어려운 이웃들을 돕는 일, 복음을 전하는 일, 그리고 가족들의 필요를 채우는 일에 적절하게 사용해야 합니다.
- 정기적으로 하나님께 헌금을 드려서 하나님의 사역에 동참해야 합니다.

성경이 말하고 있는 헌금에는 다음과 같은 것들이 있습니다.
① 십일조(말 3:8)
② 감사 예물(출 23:15 / 말 3:8)
③ 구제헌금(롬 15:25-26)
④ 선교헌금(빌 4:15-16)
⑤ 성전건축헌금(출 35:1-19)

③ 뿐만 아니라, 하나님이 우리에게 주신 재능을 가지고 교회 안에서 서로 봉사해야 합니다. 왜냐하면, 하나님께서 그런 은사를 우리에게 주신 이유 가운데 하나는 그런 은사들을 가지고 하나님을 섬길 뿐만 아니라, 또 다른 성도들을 섬겨서 서로에게 유익을 주기 위함이기 때문입니다.

고전 12:4-5, 7

4 은사는 여러 가지나 성령은 같고 5 직분은 여러 가지나 주는 같으며 7 각 사람에게 성령을 나타내심은 유익하게 하려 하심이라

은사를 주신 이가 성령이기에 받은 은사로 공동체의 유익을 위해 사용하지 않는 것은 은사를 허락하신 하나님의 뜻에 불순종 하는 것과 같습니다.

결론

우리는 이 세상에 모두 빈손으로 태어났습니다. 마찬가지로 우리가 이 세상을 떠날 때에도 우리는 빈손으로 떠나게 될 것입니다. 비록 내가 이 땅에서 사는 동안 노력해서 얻은 것이라 할지라도 죽을 때는 다 내려놓고 빈손으로 떠나야 합니다. 그 이유가 무엇입니까?

그것은 우리가 소유하고 있는 모든 것의 주인이 우리가 아닌 하나님이시며 다만 일정 기간 동안 맡아서 관리하는 청지기에 불과했었기 때문입니다. 언젠가 우리 모두는 사도 바울이 고린도후서 5:9-10에서 말한 것처럼, 지나온 자신의 삶에 대한 하나님의 결산을 받기 위해서 하나님의 심판대 앞에 서게 될 것입니다.

고후 5:9-10

9 그런즉 우리는 거하든지 떠나든지 주를 기쁘시게 하는 자 되기를 힘쓰노라. 10 이는 우리가 다 반드시 그리스도의 심판대 앞에 드러나 각각 선악간에 그 몸으로 행한 것을 따라 받으려 함이라

그 때 하나님이 우리에게 물으실 질문은
- 네가 이 땅에서 얼마나 오래 살았느냐?
- 네가 얼마나 많은 재능을 가지고 있었느냐?
- 네가 얼마나 많은 돈을 벌었느냐?
- 네가 얼마나 오랫동안 교회를 다녔고, 또 성경을 많이 배웠느냐?

와 같은 내용이 아닙니다.

그와는 달리
- 네가 이 땅에서 사는 동안 무엇을 했느냐?
- 그 많은 재능을 가지고 무엇을 했느냐?
- 그 돈들을 다 어디에 썼느냐?
- 얼마나 많은 사람에게 복음을 전하고 또 가르쳤느냐?
와 같은 내용일 것입니다.

그리고 이 심판의 결과에 따라 어떤 이는 칭찬을 받게 될 것이고, 또 어떤 이는 부끄러움을 당하게 될 것입니다. 그러므로 우리는 그 날, 그 자리에서 부끄러움을 당하거나 후회하지 않기 위해서 하나님이 우리에게 맡겨 주신 시간, 재능, 재물 등을 가지고 하나님의 뜻에 맞게 그리스도와 복음을 위하여, 하나님의 영광을 위하여, 그리고 내 주변에 있는 이웃들을 위하여 잘 사용하는 진실되고 충성된 청지기로서의 삶을 살아야 합니다.

마 25:21
그 주인이 이르되 잘하였도다 착하고 충성된 종아 네가 적은 일에 충성하였으매 내가 많은 것을 네게 맡기리니 네 주인의 즐거움에 참여할지어다 하고

 ## 적용·숙제

❶ 마 25:21을 암송하십시오.

❷ 당신은 어떤 청지기인지 한 번 생각해 봅시다.

- 당신은 지금까지 선한 청지기로 살아왔습니까, 아니면 그 반대입니까?

- 당신이 선한 청지기가 되려면 어떤 점에서 달라져야 합니까?

❸ 지금까지 당신이 배운 내용들을 다시 한 번 정리해 보고, 앞으로 나는 어떤 삶을 살아야 할지 생각해 보십시오. 그리고 당신이 깨닫고 결심한 바를 당신 주변에 있는 다른 사람과 나누거나 가르치도록 하십시오.

PART
3

역사의 종말① 개관

역사의 종말② 징조와 준비

대위임령

종말과 사명

역사의 종말①
개관

[벧후 3:3-7]

3 먼저 이것을 알지니 말세에 조롱하는 자들이 와서 자기의 정욕을 따라 행하며 조롱하여
4 이르되 주께서 강림하신다는 약속이 어디 있느냐 조상들이 잔 후로부터 만물이 처음 창조될 때와 같이 그냥 있다 하니
5 이는 하늘이 옛적부터 있는 것과 땅이 물에서 나와 물로 성립된 것도 하나님의 말씀으로 된 것을 그들이 일부러 잊으려 함이로다
6 이로 말미암아 그 때에 세상은 물이 넘침으로 멸망하였으되
7 이제 하늘과 땅은 그 동일한 말씀으로 불사르기 위하여 보호하신 바 되어 경건하지 아니한 사람들의 심판과 멸망의 날까지 보존하여 두신 것이니라

이끄는 질문

서론

역사의 종말에 관한 이야기는 새삼스러운 이야기가 아닙니다. 오래 전부터 있어왔던 이야기입니다. 그러나 인류의 역사는 아직도 계속되고 있습니다. 그래서 사람들은 마치 이솝 우화(Aesop's Fables)에 나오는 양치기 소년에게 여러 번 속았던 마을 사람들이 다시는 "늑대가 온다"는 양치기 소년의 말을 믿지 않았던 것처럼, 역사의 종말이 가까이 왔다고 하는 말을 들어도 별로 심각하게 받아들이지 않습니다. 그러나 사람들이 믿건, 믿지 아니하건 성경은 역사의 종말이 반드시 있다고 말합니다.

먼저 베드로후서 3:3-7을 읽고 다음 질문에 답하십시오.

1) 본문이 말하는 말세의 징조 – 무슨 일이 일어나는가?

① 어떤 사람들이 나타나 어떤 주장을 하게 될 것이라고 말합니까?(3-4)
- 말세에 조롱하는 자들이 온다고 말함
- "주께서 강림하신다는 약속이 어디 있느냐 조상들이 잔 후로부터 만물이 처음 창조될 때와 같이 그냥 있다" 하면서 예수 그리스도의 재림과 역사의 종말, 그리고 다가올 하나님의 심판을 믿지 않고 조롱할 것을 말함

역사의 종말이 가까이 오면 "역사의 종말이 있다"는 사실을 믿지 않을 뿐 아니라 역사의 종말을 믿는 사람들을 비웃는 사람이 나타나게 될 것이라고 말합니다.

② 위와 같이 말을 하는 근거가 무엇이라고 말합니까?(4)
- 역사의 종말이 온다는 말은 전에도 여러 번 있었다.
- 자연 만물이 멸망하지 않고 창조되었을 때와 마찬가지로 여전히 존재한다.
- 지구상에서 인류의 역사는 지금도 계속 되고 있다.

2) 사도 베드로는 이 사람들에 대해서 어떻게 평가하는가?

① 이런 사람들은 사실상 어떤 사람들이라고 말합니까?

벧후 3:5
이는 하늘이 옛적부터 있는 것과 땅이 물에서 나와 물로 성립된 것도 하나님의 말씀으로 된 것을 그들이 일부러 잊으려 함이로다

이들은 하나님의 창조를 알고 있음에도 불구하고 그 사실을 애써 인정하지 않으려합니다. 또한 이들은 하나님께서 노아시대에 사람들의 악을 보시고 그들을 물로 심판하셨다는 사실을 알고 있음에도 그 사실을 애써 부정하는 사람들입니다.

② 저들이 이처럼 과거에 하나님이 물로 세상을 심판하셨음을 잘 알고 있음에도 불구하고 애써서 그 사실을 모른 척 부인 하는 이유는 무엇입니까?
자기들에게 임할 하나님의 심판이 두렵기 때문입니다.

3) 결론적으로, 사도 베드로는 무엇을 말하는가?

① 우리가 현재 살고 있는 하늘과 땅은 어떤 곳이라고 말합니까?

벧후 3:7
이제 하늘과 땅은 그 동일한 말씀으로 불사르기 위하여 보호하신 바 되어 경건하지 아니한 사람들의 심판과 멸망의 날까지 보존하여 두신 것이니라

지금 우리가 살고 있고 또 보고 있는 하늘과 땅은 영원히 존재하지 않습니다. 마지막 심판 날이 와서 불 타 없어지게 될 때까지 한시적으로 하나님께서 보존해 두셨습니다. 언젠가 마지막 심판 날이 오면 하늘과 땅은 불 타 없어지게 될 것이고 또 이 지구상에서의 인류의 역사도 끝나게 될 것입니다.

② 또 인류의 역사와 죄인의 앞날에는 무엇이 기다리고 있다고 말합니까?(6-7)
하나님의 심판과 멸망이 기다리고 있습니다.

❶ 역사적 종말과 종말론

1) '종말'이라고 하는 것은 글자 그대로 '맨 마지막'을 가리키는 말입니다.
그리고 '종말론'(eschatology)은 성경에 나타난 예언을 근거로 역사의 마지막에 어떤 일들이 일어날 것인가를 연구하는 신학의 한 분야입니다.

2) '종말'의 종류
① 개인적 종말 → 개인의 육체적 죽음
② 역사적 종말 → 지구와 인류의 멸망

❷ 왜 종말에 관한 올바른 이해가 중요한가?

1) 종말이 있기 때문입니다.

① 이 세상에서의 우리의 삶은 영원한 것이 아닙니다. 언젠가 우리 모두는 죽을 때가 옵니다.

히 9:27

한 번 죽는 것은 사람에게 정해진 것이요 그 후에는 심판이 있으리니

② 뿐만 아니라, 우리가 살고 있는 지구도 영원하지 않습니다. 언젠가는 불 타 없어지게 될 때가 옵니다.

벧후 3:7

이제 하늘과 땅은 그 동일한 말씀으로 불사르기 위하여 보호하신 바 되어 경건하지 아니한 사람들의 심판과 멸망의 날까지 보존하여 두신 것이니라

비록 특정 지역에 국한된 일이기는 하지만 하나님은 아브라함이 살고 있던 시대에도 불과 유황으로 소돔성을 멸하신 적이 있었습니다.

2) 잘못된 종말론에 미혹되지 않기 위해서입니다.

마 24:11

거짓 선지자가 많이 일어나 많은 사람을 미혹하겠으며

예수님은 말세가 되면 거짓 선지자들이 많이 일어나서 사람들을 미혹할 것이라고 말씀하셨습니다.

그 대표적인 예가 예수님의 재림 날짜를 ○년 ○월 ○일이라고 못 박아서 이야기하는 '시한부 종말론자'들입니다. 시한부 종말론자들에게 미혹된 사람들은 대부분 정상적인 가정생활이나 사회생활을 떠나 비정상적인 생활을 함으로써 사회에 큰 물의를 일으키는 경우가 종종 있습니다. 그러나 예수님은 "하나님 한 분 이외에는 그 어느 누구도 역사의 종말이 언제 올지 알지 못한다"고 말씀하셨습니다(마 24:36).

3) 다가올 종말에 잘 대비하기 위해서입니다.

> **벧후 3:11**
> 이 모든 것이 이렇게 풀어지리니 너희가 어떠한 사람이 되어야 마땅하냐 거룩한 행실과 경건함으로

만일 역사의 종말이 없다면 우리는 종말을 대비해야 할 필요가 없습니다. 그러나 성경의 예언대로 역사의 종말이 있다면 우리는 마땅히 종말을 준비해야 합니다. 종말에 대한 준비를 위해 우리는 종말에 대한 다양한 견해를 알아보고, 궁극적으로 성경이 말하는 종말과 이에 대한 우리의 준비에 대해 알아가는 시간을 가질 것입니다.

3 개인적 종말과 역사적 종말에 관한 여러 가지 견해

1) 개인적 종말에 관한 여러 가지 견해

무신론자들의 견해

"죽음이 인생의 끝이다." 다시 말해서, "죽음 이후에는 아무것도 없다"라고 말합니다.

불교도들의 견해

인간은 삼계육도를 계속해서 윤회한다고 말합니다.
- 삼계(三界) : 육계(肉界), 색계(色界), 무색계(無色界).
- 육도(六道) : 지옥(地獄), 아귀(餓鬼), 축생(畜生), 수라(修羅), 인간(人間), 천상(天上)

천주교의 가르침

① 천주교에서는 "그(예수님)가 또한 영으로 가서 옥에 있는 영들에게 선포하시니라"라고 하는 베드로전서 3:19에 근거해서 인간이 죽으면 천국이나 연옥(煉獄), 또는 지옥 중에 한 곳으로 간다고 말합니다.

천국

↑

연옥
완전하게 구원받지 못한 영혼들이
죗값을 치르며 천국에 들어갈 날을 기다리는 곳

↓

지옥

② 천주교의 연옥에 대한 견해
- 이 땅에서 성자들처럼 아주 의롭게 산 사람들은 곧바로 천국에 들어가고, 하나님을 안 믿었거나 또는 전혀 교회(천주교회)에 안 다녔던 사람들은 지옥으로 들어가게 된다고 말합니다.
- 그리고, (천주)교회에 나와서 신앙생활을 하기는 했지만 그러나 천주교의 교리에 따라 신앙생활을 제대로 잘 하지 못한 이들은 일단 연옥이라고 하는 곳에 가서 자기가 지은 죄만큼 고통을 받으며 정화의 과정을 거친 다음에 천국에 들어가게 된다고 가르칩니다.
- 그러나 이 때 그 연옥에 있는 사람의 조상이나 후손이 그 사람을 위해서 중보기도를 많이 하거나 또는 선을 많이 베풀면 그 공로가 그 사람에게 옮겨져서 고통 받는 기간이 단축되고 빨리 천국에 들어가게 된다고 가르칩니다. → 잉여공로설

③ 그러나 이러한 천주교의 가르침은 성서적 근거가 없을 뿐만 아니라, 구원을 받을 수 있는 기회는 우리가 이 세상에 살아 있을 때 뿐이며, 죽은 다음에는 구원의 기회가 없다고 말하는 성경의 가르침에도 위배되는 잘못된 가르침입니다(눅 16:19-31).

④ 연옥설, 그리고 조상이나 후손들의 중보기도 및 선행에 의해 연옥에서 고통 받는 사람들이 그 고통 받는 기간을 단축할 수 있다고 하는 소위 잉여공로설은 1274년 프랑스의 리옹〈Lyon〉에서 열렸던 제 2차 리옹 공의회 때 로마 천주교회가 사람들을 로마 천주교회의 영향권 아래 묶어두기 위해 만든 교리이지 성경에 바탕을 둔 진리가 아닙니다.

4 성경의 가르침을 따르는 기독교인들의 견해

육체적 죽음이 인생의 끝이 아니라, 육체적 죽음 이후에는 하나님의 심판이 있다고 믿습니다.

히 9:27
한 번 죽는 것은 사람에게 정해진 것이요 그 후에는 심판이 있으리니

그리고 이 심판의 결과에 따라 어떤 이는 천국으로, 또 어떤 이는 영원한 형벌의 장소인 지옥으로 가게 된다고 믿습니다.

5 역사적 종말에 관한 무신론자들의 견해

무신론자들은 지구가 영원히 존재할 뿐만 아니라 지구에서의 인류의 역사도 언제까지나 계속될 것이라고 생각합니다.

1) 견해에 대한 이유
- 과거에 지구가 멸망한 예가 없었을 뿐만 아니라, 과학기술의 발달로 인해 인류는 점점 더 살기 좋아지고 있다고 생각하기 때문입니다.
- 저들이 하나님의 심판이나 역사의 종말을 부인하는 더 중요한 이유는 자신들에게 임할 하나님의 심판이 두렵기 때문입니다.

2) 이에 대한 반론
- 하나님의 심판은 이전에도 있었습니다.
   예 노아 시대 때 홍수 심판, 아브라함 시대 때 소돔과 고모라에 대한 불 심판
- 저들은 현재 인류가 안고 있는 문제가 얼마나 심각한지 제대로 모릅니다.
- 인간의 과학문명과 기술이 인류가 당면하고 있는 모든 문제들, 예컨대 인구증가와 식량부족 문제, 자원고갈, 공해로 인한 자연파괴, 폭력과 질병의 증가, 나라와 나라, 민족과 민족 사이의 분쟁 등을 완벽하게 해결할 수 없습니다.

따라서, 설사 하나님의 심판이 없다 할지라도 인류는 스스로가 안고 있는 이러한 문제들 때문에 언젠가는 멸망할 수밖에 없는 것이 현실입니다.

인구의 증가와 식량부족

① 1930년 세계인구: 약 20억
② 1960년 세계인구: 약 30억
③ 2016년 6월 세계인구: 약 74억 3천 4백만 명
④ 2045년 세계인구: 약 90억으로 추정

지구 전역에 풍년이 들고 식량이 골고루 분배된다고 가정했을 때 지구의 최대 부양 가능 인구: 약 80억

식수부족

① 2008년, 약 11억의 인구가 물 부족으로 고생함
② UN은 2050년에는 20~70억의 인구가 물 부족으로 고생할 것이라고 경고

자연재해

지구 온난화 현상으로 인해서 해수면이 상승하고, 이상기온이 나타나며, 지진, 해일, 가뭄, 사막화 지역의 증가, 흉작 등 자연재해가 해마다 증가하고 있습니다. 뿐만 아니라 해마다 많은 동식물들이 멸종되고 있습니다.

❻ 역사적 종말에 관한 복음적 기독교인들의 견해

성경을 오류가 없는 하나님의 말씀으로 믿는 그리스도인들은 성경의 가르침대로 이 땅에서의 인류의 역사는 영원한 것이 아니라, 언젠가 때가 되면 예수 그리스도의 재림과 함께 인류의 역사도 끝나게 될 것이라고 믿습니다.

저들이 이렇게 믿는 근거
이것이 예수님과 제자들이 성경에서 일관되게 가르치고 있는 내용이기 때문입니다.

마 24:3

예수께서 감람 산 위에 앉으셨을 때에 제자들이 조용히 와서 이르되 우리에게 이르소서 어느 때에 이런 일이 있겠사오며 또 주의 임하심과 세상 끝에는 무슨 징조가 있사오리이까

마 24:14

이 천국 복음이 모든 민족에게 증언되기 위하여 온 세상에 전파되리니 그제야 끝이 오리라

벧후 3:10

그러나 주의 날이 도둑 같이 오리니 그 날에는 하늘이 큰 소리로 떠나가고 물질이 뜨거운 불에 풀어지고 땅과 그 중에 있는 모든 일이 드러나리로다

계 21:1

또 내가 새 하늘과 새 땅을 보니 처음 하늘과 처음 땅이 없어졌고 바다도 다시 있지 않더라

하나님은 세상을 공의로 다스리시는 공의의 하나님이시기 때문입니다.

사 45:21

너희는 알리며 진술하고 또 함께 의논하여 보라 이 일을 옛부터 듣게 한 자가 누구냐 이전부터 그것을 알게 한 자가 누구냐 나 여호와가 아니냐 나 외에 다른 신이 없나니 나는 공의를 행하며 구원을 베푸는 하나님이라 나 외에 다른 이가 없느니라

계 19:11

또 내가 하늘이 열린 것을 보니 보라 백마와 그것을 탄 자가 있으니 그 이름은 충신과 진실이라 그가 공의로 심판하며 싸우더라

하나님은 공의로 세상을 다스리는 공의의 하나님이시기 때문에 언젠가는 죄와 불의로 가득 찬 이 세상을 심판하지 않으실 수 없습니다.

그렇다면 역사의 종말은 언제 올까요?(12과에서 계속)

적용·숙제

❶ 벧후 3:6-7을 암송하십시오.

❷ 종말에 관해 당신이 배운 바를 간단하게 요약해서 설명해 보십시오.

❸ 이번 주 안에 종말에 관해 당신이 배운 바를 최소한 2~3명에게 전하십시오.

역사의 종말②
징조와 준비

 [마 24:42-44]

42 그러므로 깨어 있으라 어느 날에 너희 주가 임할는지 너희가 알지 못함이니라
43 너희도 아는 바니 만일 집 주인이 도둑이 어느 시각에 올 줄을 알았더라면 깨어 있어 그 집을 뚫지 못하게 하였으리라
44 이러므로 너희도 준비하고 있으라 생각하지 않은 때에 인자가 오리라

복습

1) 역사의 종말과 종말론

2) 왜 종말론에 관한 올바른 이해가 중요한가?
① 종말이 있기 때문
② 잘못된 종말론에 미혹되지 않기 위해서
③ 다가올 종말에 잘 대비하기 위해서

3) 개인적인 종말과 역사적인 종말에 관한 여러 가지 견해

개인적 종말에 관한 견해들
① 무신론자들의 견해
② 불교도들의 견해
③ 천주교인들의 견해
④ 성경의 가르침/기독교인들의 견해

역사적 종말에 관한 견해들
① 무신론자들의 견해
② 성경의 가르침/기독교인들의 견해

1 역사적 종말은 언제 올 것인가?

1) 그 날과 그 때는 하나님 이외에 아무도 모릅니다.

마 24:36
그러나 그 날과 그 때는 아무도 모르나니 하늘의 천사들도, 아들도 모르고 오직 아버지만 아시느니라

만약에 어떤 사람이 '자기는 그 날을 안다'고 주장하며 예수님의 재림과 역사의 종말은 ○○○○년 ○월 ○일에 있을 것이라고 이야기한다면 그 사람은 자신이 하나님이라고 주장하는 것과 같습니다. 이런 사람들은 사이비 이단입니다.

2) 그 날은 마치 도적이 오는 것처럼 갑자기 임할 것입니다.

벧후 3:10
그러나 주의 날이 도둑 같이 오리니 그 날에는 하늘이 큰 소리로 떠나가고 물질이 뜨거운 불에 풀어지고 땅과 그 중에 있는 모든 일이 드러나리로다

살전 5:2
주의 날이 밤에 도둑 같이 이를 줄을 너희 자신이 자세히 알기 때문이라

역사의 종말은 우리가 생각하지 못한 때에 갑자기 임하게 될 것입니다. 예수님은 노아 시대에 있었던 홍수 심판이 갑자기 임했던 것처럼 역사의 종말도 그렇게 임할 것임을 말씀합니다.

눅 17:27

노아가 방주에 들어가던 날까지 사람들이 먹고 마시고 장가 들고 시집 가더니 홍수가 나서 그들을 다 멸망시켰으며

3) 왜 하나님은 종말의 때를 정확하게 미리 말씀해 주지 않으셨을까요?

① 이 날을 인간이 미리 알게 되면 여러 가지 바람직하지 않은 일들이 생길 수 있기 때문입니다. 다음의 예와 같은 현상들이 일어날 것입니다.

- 아직 예수님을 믿지 않고 있는 사람들 가운데 어떤 이들은 예수님을 믿고 구원받는 것을 내일(다음)로 미루려고 할 것입니다. 그러나 개인의 종말(죽음)은 역사의 종말과는 상관없이 훨씬 빠르게 우리에게 다가올 수도 있습니다.
- 이미 예수님을 믿고 구원받은 그리스도인들 가운데 어떤 이들은 마음이 들떠서 하루하루 성실하게 사는 것을 포기하고 대충대충 살려고 할 것입니다.

살후 3:11-12

11 우리가 들은즉 너희 가운데 게으르게 행하여 도무지 일하지 아니하고 일을 만들기만 하는 자들이 있다 하니 12 이런 자들에게 우리가 명하고 주 예수 그리스도 안에서 권하기를 조용히 일하여 자기 양식을 먹으라 하노라

데살로니가 교회 교인들 가운데 어떤 이들은 세상의 종말이 마치 내일이나 모레 오는 것처럼 생각하고 일도 하지 않고 여기저기 다니면서 다른 사람들에게 폐를 끼치는 사람들이 있었습니다. 그러나 우리는 역사의 종말

이 언제 오던 상관없이 하루하루 성실하게 살아야 합니다.

② 이 날은 미리 확정된 날이 아니기 때문입니다.

벧후 3:9-10
9 주의 약속은 어떤 이들이 더디다고 생각하는 것 같이 더딘 것이 아니라 오직 주께서는 너희를 대하여 오래 참으사 아무도 멸망하지 아니하고 다 회개하기에 이르기를 원하시느니라 10 그러나 주의 날이 도둑 같이 오리니 그 날에는 하늘이 큰 소리로 떠나가고 물질이 뜨거운 불에 풀어지고 땅과 그 중에 있는 모든 일이 드러나리로다

하나님은 한 사람이라도 더 구원하시기 위해 재림과 종말의 날짜를 하루하루 더 연기하고 계십니다. 그러나 분명한 사실은, 이 날이 언제까지나 계속해서 연기되지는 않을 것이라는 사실입니다. 그러므로 우리는 언제 주님이 다시 오시더라도 기쁨으로 맞이할 수 있도록 항상 깨어 준비하고 있어야 합니다.

2 종말의 징조

마태복음 24장은 예수님께서 '말세의 징조'에 대해 말씀하신 내용을 기록하고 있습니다. 예수님은 말세가 가까이 오면 어떤 일들이 일어나게 될 것이라고 말씀하셨습니까?

1) 거짓 그리스도(선지자들)가 많이 나타나고 기독교인들은 핍박을 받게 될 것이라고 말씀하셨습니다.

마 24:4-5

4 예수께서 대답하여 이르시되 너희가 사람의 미혹을 받지 않도록 주의하라 5 많은 사람이 내 이름으로 와서 이르되 나는 그리스도라 하여 많은 사람을 미혹하리라

마 24:9

그 때에 사람들이 너희를 환난에 넘겨주겠으며 너희를 죽이리니 너희가 내 이름 때문에 모든 민족에게 미움을 받으리라

교회 내부에서도 거짓 선지자들로 인해서 혼란이 일어나고, 교회 밖으로부터도 그리스도인들이 핍박을 당하는 등 신앙생활을 하기가 매우 어려워질 것입니다.

2) 나라와 나라 사이에, 민족과 민족 사이에 전쟁이 많이 일어나게 될 것이라고 말씀하셨습니다.

마 24:7 상

민족이 민족을, 나라가 나라를 대적하여 일어나겠고

나라와 나라 사이, 민족과 민족 사이에 다툼과 갈등이 많이 일어나게 될 것입니다. 실제로 이 지구상에는 나라와 나라 사이에, 민족과 민족 사이에 다툼과 갈등(terror, 전쟁)이 끊임없이 일어나고 있습니다.

3) 곳곳에 지진과 기근 등 자연재해가 많이 발생할 것이라고 말씀하셨습니다.

마 24:7 하

곳곳에 기근과 지진이 있으리니

이 말씀 그대로 현재 지구 곳곳에서 여러가지 자연재해로 인해 피해가 속출하며 흉년으로 인한 식량부족 현상은 점점 심화되고 있습니다.

4) 복음이 온 세상 모든 민족에게 전파될 것이라고 말씀하셨습니다.

마 24:14

이 천국 복음이 모든 민족에게 증언되기 위하여 온 세상에 전파되리니 그제야 끝이 오리라

이 지구상에 있는 모든 사람들이 적어도 한 번 이상은 복음에 대해 들을 수 있는 기회가 주어질 것입니다. 이 말씀 그대로 지구상에 존재하는 모든 나라, 모든 민족들에게 오늘도 복음이 열심히 전파되고 있습니다.

이상에서 볼 수 있는 것처럼, 예수님은 말세가 되면 정치, 경제, 사회, 자연계뿐만 아니라, 심지어 교회 안에서도 커다란 혼란이 일어나고 그리스도인들이 핍박을 받게 될 것이라고 말씀하셨습니다. 그러면서도 또한 복음은 모든 민족에게 전파될 것이라고 말씀하셨습니다. 우리는 2,000년 전에 예수님께서 말씀하셨던 이러한 일들이 실제로 일어나고 있는 시대 속에서 살아가고 있습니다. 이것은 역사의 종말이 우리가 생각하고 있는 것보다 훨씬 더 가까이에 와 있음을 말해줍니다.

❸ 역사의 종말과 하나님의 심판은 어떻게 시작되고 또 어떻게 진행될 것인가?

1) 예수께서 공중에 재림하시면서 죽은 자들이 다시 살아나고, 구원 받은 성도들은 예수님께서 보내신 천사들에 의해 하늘로 들림을 받게 될 것입니다.

살전 4:16-17

16 주께서 호령과 천사장의 소리와 하나님의 나팔 소리로 친히 하늘로부터 강림하시리니 그리스도 안에서 죽은 자들이 먼저 일어나고 17 그 후에 우리 살아남은 자들도 그들과 함께 구름 속으로 끌어 올려 공중에서 주를 영접하게 하시리니 그리하여 우리가 항상 주와 함께 있으리라

2) 이어서 보좌에 앉으신 예수님께서 최후의 심판을 시작하실 것입니다. 이 심판은 크게 다음 두 가지로 구성됩니다.

① 믿고 구원받은 이들과 그렇지 못한 이들을 분리하는 심판

마 25:32-33

32 모든 민족을 그 앞에 모으고 각각 구분하기를 목자가 양과 염소를 구분하는 것 같이 하여 33 양은 그 오른편에 염소는 왼편에 두리라

② 구원받은 이들 가운데서 상을 받을 자와 그렇지 못할 자를 구분하는 심판

고후 5:9-10

9 그런즉 우리는 몸으로 있든지 떠나든지 주를 기쁘시게 하는 자가 되기를 힘쓰노라 10 이는 우리가 다 반드시 그리스도의 심판대 앞에 나타나게 되어 각각 선악 간에 그 몸으로 행한 것을 따라 받으려 함이라

3) 이 심판이 모두 끝나게 되면 이 지구는 불 타 없어지게 될 것입니다.

벧후 3:10

그러나 주의 날이 도둑 같이 오리니 그 날에는 하늘이 큰 소리로 떠나가고 물질이 뜨거운 불에 풀어지고 땅과 그 중에 있는 모든 일이 드러

나리로다

4) 그 후에 구원받지 못한 자의 형벌과, 구원 받은 자들의 천국 잔치가 열립니다.

① 구원받지 못한 이들은 마귀와 그 사자들을 위해 예비된 영원한 불못에 들어가게 될 것입니다.

마 25:41
또 왼편에 있는 자들에게 이르시되 저주를 받은 자들아 나를 떠나 마귀와 그 사자들을 위하여 예비된 영원한 불에 들어가라

계 20:15
누구든지 생명책에 기록되지 못한 자는 불못에 던져지더라

계 21:8
그러나 두려워하는 자들과 믿지 아니하는 자들과 흉악한 자들과 살인자들과 음행하는 자들과 점술가들과 우상 숭배자들과 거짓말하는 모든 자들은 불과 유황으로 타는 못에 던져지리니 이것이 둘째 사망이라

지옥은 본래 사람들을 위해서 만들어진 곳이 아닙니다. 마귀와 그 사자들을 위해서 예비된 곳입니다. 그럼에도 불구하고 사람들이 지옥에 들어가게 되는 이유는 저들이 하나님을 믿지 않고 마귀를 따랐기 때문입니다.

② 구원받은 이들은 하나님께서 자기 백성들을 위해 예비해 놓으신 천국에 들어가게 될 것입니다.

요 14:3
가서 너희를 위하여 거처를 예비하면 내가 다시 와서 너희를 내게로 영

접하여 나 있는 곳에 너희도 있게 하리라

요한계시록 21장에 의하면 이 천국은 우리가 말로 표현할 수 없을 만큼 아름답고 완전한 곳입니다. 그곳은 더 이상 눈물도 없고 아픔도 없는 곳입니다.

우리는 어떻게 살아야 하는가?

결론

사람들이 믿건, 믿지 아니하건 언젠가 예수님은 이 세상에 다시 오실 것이고, 또 그 날은 역사의 마지막 날이 될 것입니다. 2000년 전에 오셨던 예수님과 장차 다시 오실 예수님은 같은 분이면서도 다른 목적으로 이 땅에 오실 것입니다. 2000년 전에 오셨던 예수님은 인류의 죄를 대속하시기 위한 속죄양으로 이 땅에 오셨습니다.

그러나 다시 오실 예수님은 믿고 구원받은 이들에게는 구원의 주로, 그렇지 않은 이들에게는 심판의 주로 오실 것입니다. 그렇다면 우리는 어떻게 해야 합니까?

1) 예수님을 주님으로 영접하고 거듭나야 합니다.

요 3:3

예수께서 대답하여 이르시되 진실로 진실로 네게 이르노니 사람이 거듭나지 아니하면 하나님의 나라를 볼 수 없느니라

거듭나기 위해 해야 할 일이 있습니다.
① 자신이 죄인임을 인정하고 하나님 앞에 회개해야 합니다.
② 예수 그리스도를 마음속에 주님으로 믿고 영접해야 합니다.

2) 깨어 기도하며, 예비하고 있어야 합니다.

눅 21:36
이러므로 너희는 장차 올 이 모든 일을 능히 피하고 인자 앞에 서도록 항상 기도하며 깨어 있으라 하시니라

마 24:42-44
42 그러므로 깨어 있으라 어느 날에 너희 주가 임할는지 너희가 알지 못함이니라 43 너희도 아는 바니 만일 집 주인이 도둑이 어느 시각에 올 줄을 알았더라면 깨어 있어 그 집을 뚫지 못하게 하였으리라 44 이러므로 너희도 준비하고 있으라 생각하지 않은 때에 인자가 오리라

다시 말해, 언제 주님이 다시 오신다고 할지라도 맞이할 수 있는 준비를 하고 있어야 합니다. 주님을 맞이할 준비라고 하는 것은 자신이 죄인임을 인정하고 죄인의 구주로 이 땅에 오신 예수 그리스도를 마음속에 주님으로 믿고 영접하는 것을 의미합니다.

3) 주의 재림을 바라보며 경건하게 살아야 합니다.

벧후 3:11-12 상
11 이 모든 것이 이렇게 풀어지리니 너희가 어떠한 사람이 되어야 마땅하냐 거룩한 행실과 경건함으로 12 상 하나님의 날이 임하기를 바라보고 간절히 사모하라

① 언젠가 불 타 없어질 이 땅에 소망을 두지 말고 하늘에 소망을 두고 사십시오.
② 그리고 하나님의 자녀답게 죄와 더러움으로부터 벗어나서 깨끗하고 성결한 삶을 사십시오.

4) 한 사람이라도 더 구원하기 위해 열심히 복음을 전해야 합니다.

딤후 4:1-2

1 하나님 앞과 살아 있는 자와 죽은 자를 심판하실 그리스도 예수 앞에서 그가 나타나실 것과 그의 나라를 두고 엄히 명하노니 2 너는 말씀을 전파하라 때를 얻든지 못 얻든지 항상 힘쓰라 범사에 오래 참음과 가르침으로 경책하며 경계하며 권하라

왜냐하면 하나님이 보시기에 한 사람을 죄와 사망에서 구원하는 일처럼 소중하고 가치 있는 일은 없기 때문입니다.

5) 근신하여 기도하며, 피차 열심히 사랑해야 합니다.

벧전 4:7-8

7 만물의 마지막이 가까이 왔으니 그러므로 너희는 정신을 차리고 근신하여 기도하라 8 무엇보다도 뜨겁게 서로 사랑할지니 사랑은 허다한 죄를 덮느니라

근신하여 기도해야 하는 이유는 사탄이나 거짓 선지자의 미혹에 넘어가지 않기 위해서입니다. 그리고 피차 열심히 사랑해야 하는 이유는, 사랑은 허다한 죄를 덮어줄 뿐만 아니라 또 서로에게 큰 힘이 되고 격려가 되기 때문입니다.

6) 주님 앞에 서는 날 부끄러움을 당하지 않도록, 선한 청지기로서의 삶을 살아야 합니다.

마 25:21

그 주인이 이르되 잘하였도다 착하고 충성된 종아 네가 적은 일에 충성하였으매 내가 많은 것을 네게 맡기리니 네 주인의 즐거움에 참여할지어다 하고

우리는 하나님의 자녀입니다. 그러나 동시에, 하나님의 청지기이기도 합니다. 따라서 인생의 마지막에는 우리가 살아온 삶에 대해서 하나님이 평가하시는 결산이 있습니다. 이 날에 가서 우리가 부끄러움을 당하거나 후회하지 않으려면 하나님의 선한 청지기로 살아야 합니다(13강에서 계속).

계 22:20

이것들을 증언하신 이가 이르시되 내가 진실로 속히 오리라 하시거늘 아멘 주 예수여 오시옵소서

적용·숙제

❶ 마 24:42-44을 암송하십시오.

❷ 지금 우리가 살고 있는 이 시대가 어떤 시대인지 다시 한 번 깊이 생각해 보고 깨달은 바를 노트에 정리하십시오.

❸ 당신이 깨닫고 배운 바를 이번 주 안에 최소한 1-2명 이상에게 나누십시오.

대위임령

 [마 28:19-20 / 행 1:8]

마 28:19 그러므로 너희는 가서 모든 민족을 제자로 삼아 아버지와 아들과 성령의 이름으로 침(세)례를 베풀고

마 28:19 내가 너희에게 분부한 모든 것을 가르쳐 지키게 하라 볼지어다 내가 세상 끝날까지 너희와 항상 함께 있으리라 하시니라

행 1:8 오직 성령이 너희에게 임하시면 너희가 권능을 받고 예루살렘과 온 유대와 사마리아와 땅 끝까지 이르러 내 증인이 되리라 하시니라

복습

인류의 역사는 언제까지나 지금처럼 계속해서 진행되지 않습니다. 하나님이 정하신 때가 이르면 예수 그리스도의 재림과 함께 이 지구상에서의 인류의 역사는 막을 내릴 것입니다. 그러나 그 때가 언제인지, 하나님 외에는 아무도 모릅니다.

따라서 우리는 영적으로 깨어 기도하고 다시 오실 예수님을 맞이할 준비를 하고 있어야 합니다.

1 대위임령이란 무엇인가?

무덤(죽음)에서 부활하신 예수 그리스도께서 승천하시기 직전에 예수님을 따르던 제자들과 무리들에게 마지막으로 주셨던 명령(사명)을 가리키는 말입니다.

2 대위임령의 내용 (마 28:18-20 / 행 1:8)

마 28:18-20
① 너희는 가라.
② 모든 민족을 제자로 삼아 아버지와 아들과 성령의 이름으로 침(세)례를 베풀어라.
③ 내가 너희에게 분부한 모든 것을 가르쳐 지키게 하라.

1) 어디로, 또 누구에게 가야 하는가?

행 1:8

오직 성령이 너희에게 임하시면 너희가 권능을 받고 예루살렘과 온 유대와 사마리아와 땅 끝까지 이르러 내 증인이 되리라.

2) 가서 무엇을 해야 하는가?

모든 족속으로 제자를 삼아 아버지와 아들과 성령의 이름으로 침(세)례를 주라
① 모든 사람들에게 복음을 전해서 저들로 하여금 예수님을 주님으로 믿고 영접하게 해야 합니다.

우리가 전해야 할 복음의 내용
- 하나님은 당신을(우리를) 사랑하십니다. 그래서 당신을(우리를) 죄와 사망에서 구원하시고 영생을 얻게 하시기 위해 독생자 예수 그리스도를 보내주셨습니다.
- 예수님은 우리의 죄를 대속(代贖)하시기 위해 십자가에서 죽으셨다가 사흘 만에 다시 살아나셨습니다.
- 누구든지 자기의 죄를 회개하고 예수님을 구주와 주님으로 영접하면 구원을 받습니다.

요 3:16

하나님이 세상을 이처럼 사랑하사 독생자를 주셨으니 이는 저를 믿는 자마다 멸망치 않고 영생을 얻게 하려 하심이니라

고전 15:1-4

1 형제들아 내가 너희에게 전한 복음을 너희에게 알게 하노니 이는 너희가 받은 것이요 또 그 가운데 선 것이라 2 너희가 만일 내가 전한 그 말을 굳게 지키고 헛되이 믿지 아니하였으면 그로 말미암아 구원을 받으리라 3 내가 받은 것을 먼저 너희에게 전하였노니 이는 성경대로 그리스도께서 우리 죄를 위하여 죽으시고 4 장사 지낸 바 되셨다가 성경대로 사흘 만에 다시 살아나사

롬 10:11-13

11 성경에 이르되 누구든지 그를 믿는 자는 부끄러움을 당하지 아니하리라 하니 12 유대인이나 헬라인이나 차별이 없음이라 한 분이신 주께서 모든 사람의 주가 되사 그를 부르는 모든 사람에게 부요하시도다 13 누구든지 주의 이름을 부르는 자는 구원을 받으리라

행 2:38-39

38 베드로가 이르되 너희가 회개하여 각각 예수 그리스도의 이름으로 침(세)례를 받고 죄 사함을 받으라 그리하면 성령의 선물을 받으리니 39 이 약속은 너희와 너희 자녀와 모든 먼 데 사람 곧 주 우리 하나님이 얼마든지 부르시는 자들에게 하신 것이라 하고

② 이 복음을 듣고 예수님을 믿기로 한 사람들에게는 성부와 성자, 성령의 이름으로 침(세)례를 주어야 합니다.

골 2:12

너희가 침(세)례로 그리스도와 함께 장사되고 또 죽은 자들 가운데서 그를 일으키신 하나님의 역사를 믿음으로 말미암아 그 안에서 함께 일으키심을 받았느니라

따라서 침(세)례는 단순히 종교적인 의식이 아닙니다. 침례는 십자가에 못 박혀 죽으셨다가 사흘 만에 다시 살아나신 예수님을 나의 구주와 주님으로 믿고 영접하며, 또 나의 옛사람은 예수와 함께 십자가에 못 박혀 죽었고 이제는 부활하신 예수님과 함께 다시 살아나 새사람이 되었음을 하나님과 사람 앞에 공개적으로 선포하는 신앙고백입니다.

> **침례는**
>
> ① 예수 그리스도께서 우리 죄를 대속하시기 위해 십자가에서 죽으셨다가(물 속에 잠기는 것) 사흘 만에 다시 살아나셨음(물 속에서 나오는 것)을 상징적으로 표현하는 의식입니다.
> ② 동시에, '예수님께서 나의 죄를 대속하시기 위해 십자가에서 죽으셨다가 사흘 만에 다시 살아나신 것을 내가 믿으며, 또 나의 옛사람은 예수 그리스도와 함께 십자가에 못 박혀 죽었고, 이제는 부활하신 예수님과 함께 다시 살아나 새 사람이 되었음'을 고백하는 의식이기도 합니다.

내가 너희에게 분부한 것을 가르쳐 지키게 하라

　　예수님은 이 말씀을 통해 자신을 주님으로 믿고 영접한 사람들에게 성경을 가르쳐서 그 말씀대로 살도록 교육 또는 훈련할 것을 명령하셨습니다. 예수 믿고 구원받는 것이 신앙생활의 전부가 아닙니다. 이것은 신앙생활의 출발에 불과합니다. 예수 믿고 구원받은 다음에는 하나님의 자녀답게 살 수 있도록 하나님의 말씀인 성경을 가르치고 훈련해야 합니다. 우리는 이것을 흔히 '제자훈련'이라고 부릅니다. 모든 그리스도인은 예수님을 주님으로 영접하는 바로 그 순간부터 하나님의 말씀에 따라 살아가는 '제자훈련'을 받아야 합니다.

❸ 왜 우리는 복음을 전해야 하는가?

1) 복음을 전하는 것은 예수님께서 우리에게 주신 마지막 명령이면서, 동시에 우리에게 주신 가장 큰 사명이기 때문입니다.

   마 28:19-20 상
   19 그러므로 너희는 가서 모든 민족을 제자로 삼아 아버지와 아들과 성

령의 이름으로 침(세)례를 베풀고 20 상 내가 너희에게 분부한 모든 것을 가르쳐 지키게 하라

행 1:8

오직 성령이 너희에게 임하시면 너희가 권능을 받고 예루살렘과 유대와 사마리아와 땅 끝까지 이르러 내 증인이 되리라

이 두 성경구절에서 보시는 것처럼 예수님께서 부활하시고 승천하시기 직전에 제자들에게 주신 마지막 명령은 모든 족속에게 가서 예수 그리스도와 복음을 전하라는 명령이었습니다. 따라서, 우리는 이 말씀(명령)에 순종하여 이 세상 모든 민족에게 가서 예수 그리스도의 복음을 전해야 합니다.

2) 예수 그리스도의 복음 이외에 인간을 구원할 수 있는 다른 복음, 혹은 종교는 없기 때문입니다.

요 14:6

예수께서 이르시되 내가 곧 길이요 진리요 생명이니 나로 말미암지 않고는 아버지께로 올 자가 없느니라

행 4:12

다른 이로써는 구원을 받을 수 없나니 천하사람 중에 구원을 받을 만한 다른 이름을 우리에게 주신 일이 없음이라 하였더라

만일 하나님께서 예수 그리스도 이외에 다른 구원자를 보내신 적이 있다거나, 또는 예수님을 믿는 것 말고도 다른 구원의 길이 있다면 우리는 구태여 다른 사람들에게 "예수를 믿으라"고 전도해야 할 필요가 없습니다.

그러나 하나님께서 예수님 이외에 다른 구원자를 보내신 적이 없고, 또 예수님을 통하지 않고는 어느 누구도 구원을 받을 수 없기 때문에 우리는 힘이 들고 어려워도 예수 그리스도와 복음을 이 세상 모든 민족에게 전해

야 합니다.

3) 우리 모두가 다 '복음의 빚진 자'이기 때문입니다.

롬 1:14-15
14 헬라인이나 야만인이나 지혜 있는 자나 어리석은 자에게 다 내가 빚진 자라 15 그러므로 나는 할 수 있는 대로 로마에 있는 너희에게도 복음 전하기를 원하노라

사도바울은 로마에 있는 성도들에게 자기 자신을 가리켜서 '복음의 빚을 진 자'라고 말했습니다.

사도바울의 고백의 이유는 바울 자신도 스스로 복음을 깨닫고 구원받은 것이 아니라, 누군가의 도움을 받아서 복음을 깨닫고 구원을 받았기 때문입니다(행 9:10-19 '아나니아'). 이와 마찬가지로, 만일 우리가 예수를 믿고 구원을 받게 된 것이 누군가의 기도와 전도 때문이었다면 우리 모두는 '복음의 빚진 자'입니다. 따라서 우리도 그 누군가에게 복음을 전해서 '복음의 빚'을 갚아야 할 책임과 의무가 있습니다.

그래서 사도바울은 고린도전서 9:16에서 이렇게 고백합니다.

내가 복음을 전할지라도 자랑할 것이 없음은 내가 부득불 할 일임이라 만일 복음을 전하지 아니하면 내게 화가 있을 것이로다

복음을 전하는 것은 선택사항이 아닌 그리스도인이라면 반드시 해야 하는 의무이며 책임임을 강조한 말입니다. 우리 모두는 사도바울처럼 누군가에게 복음을 전해야 할 책임과 의무가 있는 '복음의 빚진 자'라는 사실을 잊지 마십시오.

4) 복음을 전해서 한 영혼을 구원하는 것보다 하나님을 더 기쁘시게 하는 일은 없기 때문입니다.

눅 15:7
내가 너희에게 이르노니 이와 같이 죄인 한 사람이 회개하면 하늘에서는 회개할 것 없는 의인 아흔아홉으로 말미암아 기뻐하는 것보다 더하리라

하나님이 죄인의 회개를 기뻐하시는 이유는 인간을 이 세상 그 무엇보다 더 사랑하시기 때문입니다.

그래서 성 어거스틴(St. Augustine)은 "이 세상에 구원받아야 할 죄인이 나 한 사람 밖에 없었다고 할지라도 하나님은 나를 구원하시기 위해 예수님을 이 땅에 보내셨을 것이다"라고 말했습니다. 이러한 하나님의 마음을 이해하고 아직 구원받지 못한 사람들에게 복음을 전하는 사람들을 하나님은 가장 기뻐하십니다.

4 대위임령에 순종하여 복음을 전하는 이들에게 주신 약속

마 28:20 하
볼지어다 내가 세상 끝 날까지 너희와 항상 함께 있으리라 하시니라

이 세상에서 주님이 항상 우리와 함께 해 주시겠다고 하는 약속보다 더 귀하고 마음 든든한 약속은 없습니다. 우리의 삶에는 많은 어려움과 시련이 있습니다. 그러나 주님이 우리와 함께 해 주신다면 두려워하거나 염려할 필요가 없습니다.

왜냐하면 우리와 동행하고 계시는 주님께서 결국에는 우리를 보호해

주실 것이고, 또 우리의 앞길을 친히 인도해 주실 것이기 때문입니다.

단 12:3
지혜 있는 자는 궁창의 빛과 같이 빛날 것이요 많은 사람을 옳은 데로 돌아오게 한 자는 별과 같이 영원토록 빛나리라

예수님의 말씀에 순종해서 열심히 복음을 전한 이들은 장차 하나님의 심판대 앞에 서는 날, 하나님께로부터 큰 칭찬과 상급(면류관)을 받게 될 것입니다. 이 세상 사람들에게 받는 칭찬이나 상급도 귀하지만 하나님께로부터 받는 칭찬이나 상급처럼 귀한 것은 없습니다.

결론

날마다 세계 곳곳에서 들려오는 난리와 난리 소문, 민족과 민족, 나라와 나라 사이의 전쟁, 지진, 기근, 자연 재난 등은 역사가 점점 종말을 향해 나아감을 말해 줍니다. 그러나 아직도 많은 이들이 이 사실을 깨닫지 못한 채 멸망을 향해 나아가고 있습니다.

그렇다면 우리는 어떻게 해야 합니까?

'나는 이미 구원받았기 때문에 다른 사람이 구원을 받건 말건 나하고는 상관이 없다. 그것은 그 사람들의 문제이다.'라고 생각하고 그냥 지나가야 합니까, 아니면 핍박이 있고 어려움이 따르더라도 담대하게 복음을 전해야 합니까?

여러분! 만일 누군가가 당신에게 복음을 전해서 당신이 구원을 받을 수 있었다면 당신은 '복음의 빚진 자'입니다. 따라서 빚을 진 사람은 그 빚을 갚아야 할 의무가 있듯, 당신도 그 누군가에게 복음을 전해서 복음의 빚을 갚아야 할 책임과 의무가 있습니다. 그렇다면 당신은 언제, 또 누구에게 그 복음의 빚을 갚으시겠습니까?

적용·숙제

❶ 마 28:19-20 / 행 1:8을 암송하십시오.

❷ 당신의 가족이나 친구 중에서 아직 예수님을 믿지 않는 사람들이 있다면 그분들이 예수 믿고 구원받을 수 있도록 기도하십시오. 그리고 그분들을 찾아가서 당신이 듣고 배운 복음을 전하십시오.

❸ 오늘 배운 내용을 다른 그리스도인 형제·자매들과 나누고 함께 기도 하십시오.

주
기
도
문

6:9
하늘에 계신 우리 아버지여
이름이 거룩히 여김을 받으시오며

6:10
나라가 임하시오며
뜻이 하늘에서 이루어진 것같이 땅에서도 이루어지이다

6:11
오늘 우리에게 일용할 양식을 주시옵고

6:12
우리가 우리에게 죄 지은 자를 사하여 준 것 같이
우리 죄를 사하여 주시옵고

6:13
우리를 시험에 들게 하지 마시옵고 다만 악에서 구하시옵소서
나라와 권세와 영광이 아버지께 영원히 있사옵나이다 아멘

마 28:18-20
그러므로 너희는 가서,모든 민족을 제자로 삼아 아버지와 아들과 성령의 이름으로
침(세)례를 베풀고 내가 너희에게 분부한 모든 것을 가르쳐 지키게 하라 볼지어다
내가 세상 끝날까지 너희와 항상 함께 있으리라 하시니라

기독교
신앙의
기본진리

초판 1쇄 발행 2019년 3월 20일

지은이	임종수

발행인	이요섭
기획	김성집
편집	이인애
디자인	조운희
제작	박태훈
영업	김승훈, 김창윤, 정준용, 이대성, 이영은

펴낸 곳	요단출판사
등록	1973. 8. 23. 제13-10호
주소	07238) 서울특별시 영등포구 국회대로 76길 10
기획 문의	(02)2643-7390
영업 문의	(02)2643-7290
	Fax(02)2643-1877
구입 문의	인터넷서점 유세근
	요단인터넷서점 www.jordanbook.com

ⓒ 요단출판사 2019

값 11,000원
ISBN 978-89-350-1736-2 03230

이 책의 한국어판 저작권은 요단출판사가 소유하고 있습니다.
출판사의 사전 승인 없이 책의 내용이나 표지 등을 복제, 인용할 수 없습니다.